고려사

한국고전문학읽기 43

고려사

안명옥 글 | 정소연 그림

주니어김영사

삶을 일깨우는 고전 읽기

'고전(古典)'은 오래된 책이다. 시대를 뛰어넘어 꾸준히 읽히며 끊임없이 새로운 평가가 더해진다. 우리는 우리나라 고전을 얼마나 읽어 보았을까? 사람들은 대부분 어린 시절 고전을 각색한 전래 동화집을 읽고 자신이 '고전'을 읽었다고 생각한다. 그러다 보니 어린 시절 읽은 각색 동화집이 우리가 읽은 고전의 대부분인 경우가 많다.

그렇다면 어린 시절에, 제대로 쓴 고전 작품을 읽어 보는 것은 어떨까? 하지만 고전은 대부분 고어, 낯선 어구, 한자 등으로 쓰여 있다. 고전 작품을 원문으로 읽으며 내용을 이해하고 파악하는 것은 사실 전문가에게도 쉬운 일이 아니다.

〈한국고전문학읽기〉 시리즈는 우리 역사에 길이 남는 고전들을 소개해 고전의 가치를 되살리고, 어린이와 청소년들이 고전을 부담 없이 재미있게 읽기를 바라는 마음으로 펴내는 시리즈이다. 원전을 쉽게 풀어쓰면서도, 원전이 전달하고자 하는 가치를 훼손하지 않고 충실하게 전달하는 데 주안점을 두었다.

우리나라 대표 시인과 소설가, 동화 작가들이 우리말의 아름다움을 살려, 알기 쉽게 풀어쓴 〈한국고전문학읽기〉 시리즈는 어린이들이 고전의 세계를 한층 가깝게 그리고 흥미롭게 느끼는 계기가 될 것이다.

  고전을 읽는 목적은 단순히 옛사람들이 쓴 문학 작품을 읽는 것에 있지 않다. 고전은 우리 삶과 문화 곳곳에 자리하고 있다. 그래서 고전을 읽는다는 것은 우리 역사와 문화를 알아 가는 일이고, 옛사람들이 꿈꾸었던 삶과 지혜를 느끼는 일이며, 우리 문화의 뿌리를 찾는 중요한 일이다.

편집위원 김유중

고전이라는 다락방

　고전은 오랜 세월을 견디며 살아남은 책들이다. 사람들은 자신에게 필요 없다고 생각되는 일은 바로 잊어버린다. 그런데 우리가 고전이라고 부르는 책들은 몇백 년의 세월을 거쳐 오면서도 사라지지 않았을 뿐 아니라 항상 우리 가까이에 두고 읽게 된다. 그 이유가 뭘까? 고전은 옛 사람들에게나 지금 사람들에게나 모두 귀중한 책이기 때문이다. 홍길동은 조선 시대에서만 영웅이 아니라 지금 우리에게도 필요한 영웅이다. 춘향은 그때나 지금이나 우리에게 사랑의 아름다움을 가르쳐 준다.

　책을 읽으며 우리는 감탄한다. 얼굴도 알 수 없는 수백 년 전의 조상은 어쩌면 이렇게 재미있고 아름다운 이야기들을 쓸 수 있었을까. 얼굴이 못생겼다고 신랑에게 구박 받은 박씨 부인은 지금도 바로 우리 동네에서 함께 사는 사람 같고 공부만 하다가 가난해진 허생은 우리 가족 중의 한 사람 같기도 하다.

　우리는 하루가 다르게 기술이 발전하는 세상에 살고 있다. 하지만 아무리 기술이 발전한다 해도 우리의 마음은 예나 지금이나 그대로이다. 우리 마음속 깊은 곳에는 다른 사람을 사랑하는 마음과 옳은 것을 지키려는 마음이 단단히 자리 잡고 있다. 눈으로 볼 수 없는 그런 사실들을 어떻게 알 수 있을까? 바로 예로부터 내려온 고전들이 지금도 사랑받고 있다는 사실에서 알 수 있는 것이다.

  우리가 사는 집에는 우리가 생활하는 거실이 있고 부엌이 있다. 하지만 잘 살펴보면 평소에는 잘 눈에 띄지 않는 숨겨진 공간도 있다. 그 공간은 방과 방 사이의 공간일 수도 있고 지붕 밑에 있는 다락방일 수도 있다. 고전은 그런 숨겨진 공간들처럼 우리가 마음 놓고 쉴 수 있는 장소가 되어 준다. 가끔은 텔레비전을 끄고 컴퓨터도 멀리하고 고전을 읽는 시간이 필요하다. 왜냐하면 고전은 읽는 사람의 마음을 크게 해 주기 때문이다.

기획위원 **전윤호**

차례

삶을 일깨우는 고전 읽기 4
고전이라는 다락방 6

왕권 중심의 왕들   11

무신 정권 시대   51

원나라의 간섭 시대   68

반원 정책과 자주독립 국가로 거듭나다   75

전쟁과 용장들 86

고려를 발전시킨 신하들 116

피바람이 불다 156

🌸《고려사》해설 – 역사 속에 숨어 있는 관점 찾기 178

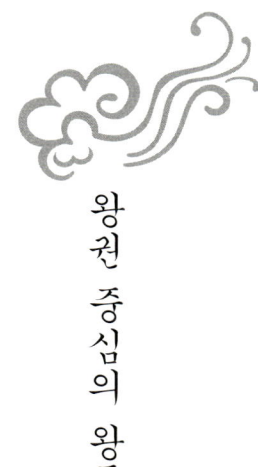

왕권 중심의 왕들

제1대 왕건, 고려를 건국하다

왕건의 탄생 설화

신라 말 도선이 송악의 호족 왕륭의 집 앞을 지날 때였다. 도선은 그 집에 어리는 신비한 기운을 느끼고 걸음을 멈추었다.

"허어, 기장을 심을 터에 어찌 삼을 심었는가?"

왕륭의 아내 한씨가 이 말을 듣고 남편에게 전했다. 왕륭은 급히 도선을 집 안으로 청했다.

"스님, 그 말이 무슨 뜻입니까?"

도선은 당시 도참사상(좋고 나쁨에 대한 예언을 믿는 사상)으로 이름난 승려였다.

"내가 일러 주는 대로 집을 지으면 내년에는 슬기로운 아이를 얻을 것입니다. 아이 이름은 '건'이라고 지으십시오."

도선은 집을 짓는 법을 알려 주고 글귀를 적은 봉투를 왕륭에게 건넸다.

"이 글을 받들어 백 번 절하십시오. 미래에 삼한을 통합할 주인이 당신에게 올 것입니다."

다음 날부터 왕륭은 도선이 일러준 대로 집을 지었다. 그런데 그달부터 아내에게 태기가 보이더니 877년 1월에 아들이 태어났다. 왕륭은 도선의 말대로 아이의 이름을 '건'이라 지었다. 왕건은 어려서부터 총명하고 용감했으며 목소리가 맑고 우렁찼다.

세월이 흘러 왕건은 건장한 청년으로 자랐다. 그가 송악산에서 무예를 연마할 때 도선 대사가 찾아왔다.

"그대는 하늘이 정한 명당에서 태어났도다. 삼국 말세의 백성이 그대가 구해 주기를 기다리고 있노라."

"대사님, 저의 스승이 되어 주십시오."

진심으로 청하는 왕건을 보고 도선 대사는 흔쾌히 승낙했다. 그리고

왕권 중심의 왕들 13

그날부터 군대를 지휘하고 진을 치는 법, 유리한 지형을 선택하는 법 등을 가르쳤다. 그리고 산천의 형세를 보고 이치를 헤아리는 법도 깨우치게 했다. 왕건은 스무 살이 되던 896년, 후고구려를 일으킨 궁예 밑으로 들어가 송악(개성)의 성주가 되었다.

905년에 궁예는 도읍을 송악에서 철원으로 옮기고, 911년에는 국호를 '태봉'으로 바꾸었다. 궁예는 자신을 미륵불이라 했다. 태봉은 '서로 뜻을 함께하여 편히 사는 세상'을 뜻하며, 미륵불은 미래에 나타나 중생(사람)을 비롯한 모든 살아 있는 존재를 구원해 주는 부처를 뜻한다. 그러나 궁예는 평소 의심이 많고 신하들과 충돌이 잦았다.

"이놈! 미륵불로 환생한 내게 감히 반역을 꾀해?"

"폐하, 반역이라니오. 당치도 않은 말씀입니다."

"나는 사람의 마음을 들여다볼 수 있는 관심법을 할 수 있다. 이놈을 매우 쳐라!"

이런 궁예의 폭정에 많은 신하가 죽거나 먼 곳으로 유배되었다. 궁예의 의심은 더욱 깊어져 나중에는 외척들과 갈등을 일으켜 부인 강씨와 자식까지 죽이고 말았다. 반면 왕건은 백성의 여러 가지 억울한 사건을 잘 해결해 주었다. 그러니 호족과 신하들 사이에는 왕건을 따르는 자가 늘어났다.

왕창근의 거울 사건

918년 3월, 왕창근이라는 상인이 이상한 글귀가 새겨진 거울 하나를 들고 궁예를 찾아왔다.

"한 노인이 소인에게 거울을 팔았는데 글귀가 새겨져 있어서 가져왔습니다."

궁예는 그 글의 뜻을 헤아리기가 어려워 거울을 판 노인을 찾아오라고 왕창근에게 명했다. 수소문 끝에 왕창근은 그 노인이 발삽사 여래불이 보내서 온 것임을 알게 되었다. 왕창근은 거울을 들고 발삽사에 찾아갔다. 불상 앞에 이른 왕창근은 깜짝 놀랐다. 불상의 모습이 바로 거울을 들고 찾아왔던 노인과 똑같았다. 왕창근은 이 사실을 궁예에게 고했다.

"예삿일이 아니다. 학문이 깊은 신하들에게 거울을 보내 글귀를 해석하라."

궁예의 명령에 따라 송사홍과 백탁, 허원은 거울을 받아 글귀를 해석했다.

"사년(뱀해)에 두 용이 나타나 하나는 청목 속에 모습을 감추는데, 청목은 송악을 일컫고……"

송사홍이 먼저 뜻을 풀이하며 백탁을 바라보았다.

"두 용이란 송악 출신의 왕건과 철성에 머물고 계신 폐하를 일컬으니 또 피바람이 불겠습니다."

백탁이 말했다.

"축(丑)이 멸하고 유(酉)가 일어난다니 이는 왕대인(왕건)이 일어난다는 뜻입니다. 내용이 알려지면 왕대인 목숨이 위험합니다. 폐하께서는 적당히 둘러댑시다."

허원이 말했다.

하지만 그 뜻이 수상하다 여긴 궁예는 철원으로 왕건을 불러들였다.

붓을 굴려 왕건을 구한 최응

"들리는 말에 의하면 어젯밤 자네가 역모를 꾸몄다는 게 사실인가?"

왕건은 그런 사실이 없다고 고했으나 궁예의 표정은 이미 일그러져 있었다.

"내 관심법으로 그대 마음을 읽으리라."

궁예는 눈을 감고 한참 하늘을 우러러보았다. 그때 궁예의 책사인 최응이 곁에 있다가 일부러 붓을 떨어뜨렸다. 최응은 붓을 집으러 가면서 왕건 곁을 스치며 속삭였다.

"장군, 굽히지 않으면 목숨이 위태롭습니다."

왕건은 그 말을 듣고 이내 궁예에게 무릎을 꿇고 고했다.

"폐하, 죽여 주십시오. 실은 신이 역모의 마음을 가졌습니다."

그러자 궁예는 껄껄 웃으며 말했다.

"내 관심법 앞에서는 마음을 숨길 수 없는 법! 솔직히 말했으니 용서해 주겠다."

이로써 왕건은 죽을 고비를 간신히 넘겼다.

어느 깊은 밤이었다.

"왕 장군님, 잠시 안으로 들어가 뵙겠습니다."

책을 보던 왕건은 깜짝 놀라서 방문을 열었다. 문밖에는 홍유, 배현경, 신숭겸, 복지겸이 비장한 표정으로 서 있었다.

"무슨 일입니까? 어서 안으로 드시지요."

네 사람은 자리에 앉자마자 약속이라도 한 듯 말했다.

"때가 되었습니다. 궁예의 공포 정치(반대파를 억눌러 공포 분위기를 조성하는 정치)에 더는 나라를 맡길 수 없습니다."

왕건은 그 말을 듣고 귀를 의심했다.

"그 말은 나보고 역모를 하라는 말씀이오? 내가 어찌 왕을 배반하겠습니까?"

그러자 밖에서 듣고 있던 왕건의 아내 유씨 부인이 들어왔다.

"무고한 신하와 백성이 얼마나 더 피를 흘려야 합니까? 덕망 있고 자질 있는 왕을 모두 기다립니다."

왕건은 아내의 설득에 결심을 굳히고 군사를 모아 궁예가 있는 철원으로 향했다. 그 소식을 들은 궁예는 이미 상황이 어렵다는 것을 눈치채고 변복하고 왕성을 빠져나갔다. 그리고 산과 들을 헤매고 다니다 얼마 후 강원도 평강에서 살해되었다.

918년 무인년 6월, 왕건은 왕위에 올라 나라 이름을 '고려'라 칭하고 연호를 '천수'라 붙였다. 다음 해에는 도읍을 송악으로 옮기고 신라에는 화친 정책을 폈다.

"폐하, 신라도 고려의 적입니다. 신라가 후백제의 견훤과 손을 잡을 수 있으니 경계해야 합니다."

"허허, 경들은 염려 마시오. 땅을 얻는 것은 쉬우나 민심을 얻는 것은 어려운 법이오. 신라는 내 백성이 될 것이오."

왕건의 기상은 신하들의 염려를 충분히 잠재웠다. 그리고 920년, 후백제의 공격을 받은 신라 경명왕이 고려에 구원병을 요청하자 왕건은 군사를 보내 주었다. 후백제와 고려는 서로 볼모를 교환하고 화친을 맺은 사이였다. 그런데 고려에서 후백제의 볼모가 죽자 견훤도 고려의 볼모를 죽이고 화친을 깼다.

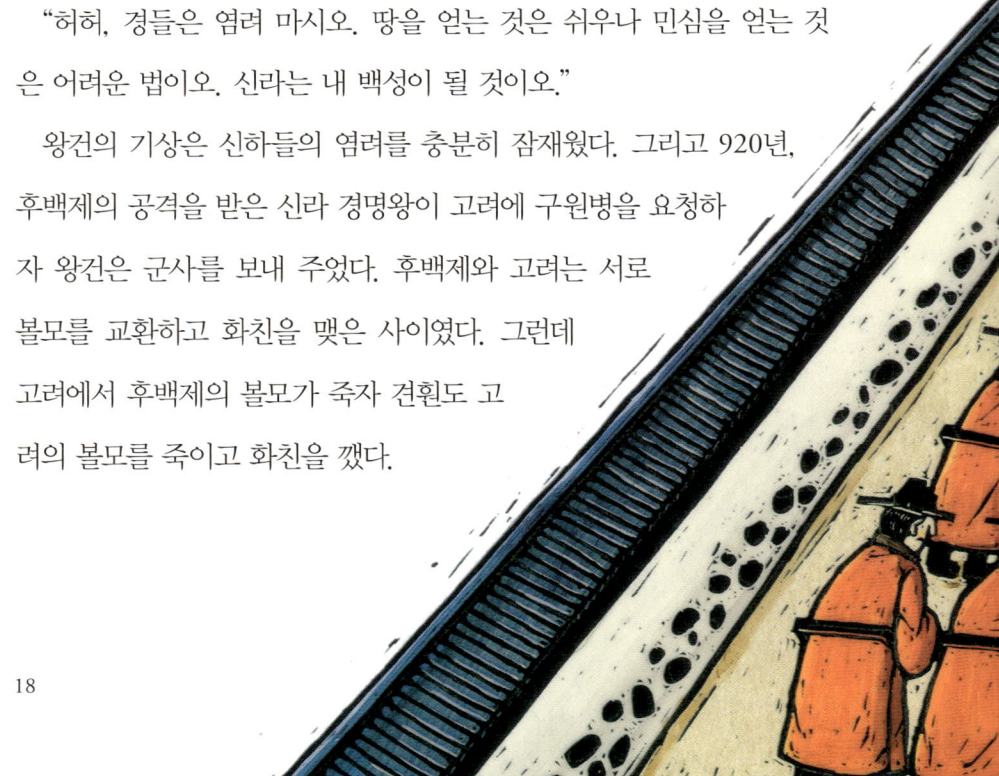

왕건의 목숨을 구한 신숭겸의 충성심과 공산 대첩

927년 9월, 후백제의 견훤은 신라로 향했다. 신라 경애왕은 고려에 구원 요청을 했으나 이미 때는 늦었다. 견훤이 신라 궁성에 도착했을 때 경애왕은 포석정(경주 남산 서쪽에 있는 정원)에 있었다.

"폐하, 어서 별궁으로 몸을 피하십시오."

밀물처럼 들어오는 후백제군에 당황한 경애왕은 제대로 싸워 보지도 않고 목숨을 끊어 버렸다. 신라를 점령한 견훤은 경애왕을 폐위하고 그의 외사촌인 김부를 새 왕으로 세웠다. 김부가 바로 신라의 마지막 왕인 경순왕이다.

고려 구원병이 신라에 도착했을 때 견훤의 군대는 이미 빠져나가고 없었다. 백제군이 멀리 가지 못했을 거라고 판단한 왕건은, 좌우에 신숭겸과 김락을 세우고 직접 기마병을 이끌고 동수(지금의 대구 근처)로 달려갔다. 사실 견훤의 후퇴는 계산된 전술이었다. 서서히 포위망을 좁히며 왕건의 목숨을 노리겠다는 속셈이었다. 사태가 위급한 것을 눈치챈 신숭겸은 왕건에게 이렇게 말했다.

"제가 폐하의 옷을 입고 어차에 올라 싸우겠습니다. 그 틈에 빠져나가십시오."

왕건은 한사코 사양하다가 급박한 상황이라 어쩔 수 없이 신숭겸과 옷을 바꿔 입었다.

"저기 왕건이 있다. 죽여라!"

감쪽같이 속아 넘어간 후백제군은 신숭겸을 향해 벌 떼같이 몰려들었다. 왕건은 가까스로 그곳을 벗어나며 피눈물을 흘렸다. 이 싸움에서 고려군은 전멸했고 신숭겸을 비롯한 여러 장수가 전사했다.

왕건의 삼국 통일

병산싸움(지금의 안동에서 고려와 후백제가 벌였던 싸움)과 임진 해전을 겪고 난 견훤의 부대는 강해졌다. 견훤은 후백제를 강력한 중앙 집권 체제로 운영했다. 그러나 빈틈은 왕실 내부에서 생겼다. 견훤의 맏아들 신검이 아버지를 내쫓고 왕위를 빼앗은 것이다. 신검은 후백제 2대 왕으로, 견훤이 넷째 아들 금강에게 왕위를 물려주려 하자 반란을 일으켜 왕이 되었다. 신검은 견훤을 금산사에 가두어 버렸다. 하지만 견훤은 세 달 만에 금산사를 빠져나와 왕건에게 투항했다. 서로 칼을 겨누던 사이였지만 왕건은 견훤을 반갑게 맞았다.

"폐하, 제가 돕겠으니 신검을 쳐서 천하를 통일하소서."

다음 달에는 신라 경순왕이 신하들을 이끌고 왕건에게 투항했다. 그리고 다음 해에는 견훤의 사위이자 신검의 매형 곽영규가 고려에 투항했다.

"오늘은 천하를 통일하는 날이다. 오십 년에 걸친 후삼국 시대를 끝내야 한다."

936년 9월, 왕건은 완산주로 쳐들어가 신검의 항복을 받아 냈다. 비로소 후삼국 시대가 끝나고 삼국 통일이 이루어진 날이었다. 문제는 독자적인 세력을 이루고 있는 지방 호족들이었다. 왕건은 호족들과 관계를 강화하기 위해 혼인 정책을 펼치고, 왕씨 성을 내려 가족 관계를 형성했다. 그리고 고구려 옛 땅을 회복하는 데 힘을 기울였다. 요동(지금의 중국 요녕성 동남부) 지역에는 거란이 버티고 있고, 거란과 고려 사이에서는 여진이 세력을 키우고 있었다. 왕건은 서경(지금의 평양)을 북진 정책의 전진 기지로 활용했다. 그리고 938년 발해에서 삼천여 가족을 끌고 온 박승을 받아들이며 발해 유민들을 품었다. 942년 10월에는 발해를 멸망시킨 거란의 화친 제의를 거절했다.

왕건은 숭불 정책을 실시하고 관제와 군제를 기본으로 중앙을 정비하고 지방에는 호족 자치제를 실시했다. 또한 호족 자제를 인질로 삼아 중앙에 머물게 해 호족의 반란에 대비했다. 왕건은 후대 왕에게 통치 이념과 방향에 도움이 될 훈요십조를 남겼다.

제3대 정종, 서경 천도를 계획하다

제2대 혜종 때는 도읍을 개경(지금의 개성)에 그대로 두어야 한다는 개경파와, 서경으로 옮겨야 한다는 서경파의 대립이 극심했다. 태조의 셋째 아들인 왕요(정종)는 개경파인 2대 혜종을 몰아내고 왕위에 즉위하자마자 서경 천도(수도를 옮기는 일)를 계획하고 신하들을 불렀다.

"개국 초기부터 개경에서 피를 많이 흘려 땅의 기운이 나빠졌다. 도읍을 서경으로 옮기는 게 고구려의 옛 땅을 회복하는 데도 유리하다."

그러자 양심 있는 관리들은 걱정하는 마음을 드러냈다.

"왕의 강하고 고집스러운 성품을 어찌 말리겠소. 즉위 과정에서 개경파와 지나치게 대립했는데 서경 천도까지 하면 개경 백성은 등을 돌릴 것이 뻔하오."

그러자 다른 관리도 걱정하는 마음을 표현했다.

"즉위하자마자 손수 십 리나 되는 길을 걸어 개국사에 불사리를 모시고, 곡식을 칠만 석이나 사찰에 전한들 무슨 소용이 있겠소."

"그렇소. 아무리 불명경보(불경을 간행하는 기관)와 광학보(불법을 배우는 사람들을 위한 장학 재단)를 설치하고 승려를 양성해도 민심을 얻지 못할 것이오."

하지만 이미 서경 천도를 결심한 정종은 서경에 성을 쌓으라고 지시했다.

"개경 백성을 뽑아서 부역에 동원하라."

엄청난 자재와 식량이 동원되고 백성의 원망이 높아져도 정종은 아랑곳하지 않았다. 오직 서경을 건설하는 데만 정신이 팔려 있었다. 그러다 보니 지방은 물론 주변 나라에서도 공물을 받아들이는 데 욕심을 냈다. 동여진의 소무개가 말 700필과 토산물을 바치자 정종은 손수 그 물건을 검열할 정도였다. 그런데 그날따라 마른 하늘에서 갑자기 우레와 천둥이 쳤다. 그 소리에 놀란 정종은 경기가 들렸고, 부역에 지친 백성은 왕이 아프다는 소식을 반겼다. 정종은 그날부터 시름시름 앓기 시작하더니 죽음에 이르렀다.

"짐은 왕위를 동생 왕소에게 물려주노라. 왕소는 서경 건설을 마치고 태평성대를 노래하라."

제4대 광종, 왕권을 강화하다

광종과 노비안검법

정종의 친동생 소 왕자는 제4대 광종 임금이 되어 7년 동안 집권하면서 나라를 꽤 안정적으로 이끌었다. 광종은 왕권을 강화할 방법을 고민하다가 왕위를 다투는 원인이 호족과 왕실의 친척들에게 있다고 판단하고 측근들을 불렀다.

"왕권을 강화하려면 호족의 힘부터 약화시켜야 하오. 어떻게 하면 좋겠소?"

"폐하, 호족의 사노비를 줄이는 것이 우선입니다."

한 신하가 말했다. 노비에는 국가나 관청에 딸린 공노비와 개인들이 데리고 있는 사노비가 있었다.

"사노비는 지방 호족이 전쟁에서 공을 세우거나 나라를 세울 때 힘을 보탠 공로를 인정해서 거느리게 해 준 것 아닌가?"

"허나 노비가 너무 많다 보니 사병으로도 이용되고 있습니다. 호족은 사노비 숫자를 늘리려고 장정 노비와 양인 여자의 결혼을 강요하기도 합니다. 사노비들이 이제는 호족의 무력 기반이 되고 있습니다."

"듣고 보니 그렇구나. 노비에게는 병역 의무가 없으니 국방력을 약화시키는 이유가 되겠다. 그렇다면 억울하게 노비가 된 양민을 풀어주어라."

이 명이 바로 '노비안검법'이었다. 사노비가 있는 호족과 왕족은 불만을 토했다.

"노비안검법을 반대해야 합니다. 분명히 우리 힘이 약해질 것입니다."

그러나 단단히 마음먹은 광종의 의지를 꺾을 수 없었다.

956년 광종 7년, 드디어 노비안검법이 시행되었다. '안검'은 조사한다는 뜻으로 억울하게 노비가 된 사람이나, 본래 양인이었으나 포로로 잡혀 노비가 된 사람을 해방해 주는 법이었다. 노비안검법은 많은 양민을 구했다. 노비에서 해방된 사람들의 기쁨은 이루 말할 수 없었다. 일반 백성이나 신진 관료, 무장들도 환영했다. 호족의 기세는 꺾일 수밖에 없었다.

과거제 실시

광종은 나라의 미래를 위해서 인재를 키우는 일이 왕권을 강화하는 문제만큼 중요한 일이라고 생각했다. 광종은 왕륭을 불렀다.

"인재가 부족해 나라의 미래가 염려되오. 내 익히 후주(중국 오대의 마지막 왕조)의 개혁을 들어 알고 있으나 우리에게는 그만한 인재가 없지 않소."

후주는 건국한 지 얼마 안 되어 고려와 상황이 비슷했다. 후주 태조는 제후국들의 힘을 약화시키기 위해 당나라 제도를 모범으로 삼아, 과거제를 비롯한 개혁 정책을 실시하여 왕권을 강화했다. 광종은 후주 태조 아래에서 시대리평사를 지낸 쌍기가 사신으로 왔다가 병이 나 머물고 있다는 소식을 들었다. 시대리평사는 시험을 주관하는 관리여서 쌍기는 과거 제도에 대한 지식이 많았다. 광종은 쌍기를 직접 만나 대화를 나누어 보고 아주 마음에 들어 했다. 쌍기의 사상과 지식은 과연 소문대로였다. 광종은 후주의 세종에게 쌍기를 고려에서 신하로 등용할 수 있게 해 달라고 간곡히 요청했다. 세종은 이를 허락했고 쌍기는 과거제를 실시하자는 의견을 내놓았다.

"폐하, 과거를 치러서 능력 있는 사람을 벼슬아치로 뽑아야 합니다."

광종은 쌍기를 지공거(과거를 주관하는 관직)에 임명했다.

"집안 배경과 관계없이 훌륭한 인재를 찾아낸다니 이 제도는 혁명이나 다름없소."

"과거를 거친 신진 관료가 등장하면 호족의 힘은 약화될 것입니다. 유학을 공부하는 선비가 늘고 충과 효를 중요하게 여기는 관료들이 조정을 이끌어 가야 합니다."

쌍기가 관직에 오르자 호족은 반발했다. 그런데 외국인이 관리가 되는 것을 문제 삼는 데는 다른 뜻이 있었다. 과거제가 실시되면 새로운 인재가 나타나 자신들의 영향력이 약화될 것을 걱정해서였다. 광종은 뜻을 굽히지 않았다.

"두 번째 개혁 정책인 과거제를 실시하노라."

광종 9년 9월 15일, 첫 과거 시험이 실시되었고 학문이 깊고 뛰어난 인재를 뽑을 수 있었다.

"이제 능력만 있으면 누구나 벼슬을 할 수 있게 되었다."

백성은 크게 기뻐했다.

제5대 경종, 전시과를 마련하다

경종은 왕위에 오르자 토지 제도부터 바꿨다.

"고려는 초기부터 토지 제도를 실시하려 했지만 번번이 실패했다. 그러니 전시과를 마련해 관품(관리의 품계)과 인품(덕망이나 학문적 업적)에 따라 토지를 지급하노라. 벼슬에 따라 토지와 산을 나누어 주되 그 사람이 죽으면 반드시 나라에 반환하라."

전시과는 지배 계층 전체를 토지 제도 안에 묶어서 관리하는 제도로 시정 전시과라고도 했다. 이 제도는 왕이 나누어 준 토지에서 세금을 거둘 수 있는 권리였다. 토지에서 나는 작물의 일부를 거둘 수 있는 '전지'와, 땔감을 거둘 수 있는 '시지'를 나누어 주었기에 전시과라고 했다. 전시과가 행해지자 호족들은 반발했다.

"토지를 반환하라는 건 왕이 우리 호족을 견제하는 것이오."

호족의 힘의 기반은 토지였다. 후삼국 통일에 공을 세운 신하와 장수에게 지위를 구분하지 않고, 인품과 공로에 기준을 두고 토지를 지급하는 역분전은 호족의 반발로 번번이 실패했다. 그런데 경종이 강한 의지로 이 제도를 실시한 것은 매우 의미 있는 일이었다. 경종은 전시과를 통해 높은 벼슬아치나 귀족들의 경제력을 약화시켜 왕권을 강화했고 백성은 이를 크게 반겼다.

제6대 성종, 유교와 중앙 집권화로 왕조의 기틀을 마련하다

숭유 억불 정책

성종은 즉위 후 불교를 억제하고 유교를 중요하게 생각하는 정책을 펼쳤다. 그런데 팔관회 같은 불교 행사를 성대하게 치르느라 백성이 많은 돈과 노동력을 바치는 게 문제였다. 백성은 불상을 만들 때는 금은을 바쳤고 절을 지을 때는 일손을 보탰다.

"연등회와 팔관회 등 화려한 불교 행사를 폐지하라. 대신 유교를 온 나라에 보급하는 데 힘을 기울여라."

성종의 숭유 억불 정책은 중앙 집권 체제를 만드는 데에도 큰 도움이 되었다.

중앙 관제를 튼튼히 하고 지방 조직을 강화하다

성종은 중앙의 정치 조직도 새로 마련했다. 중서문하성과 상서성 2성과 6부를 두었는데, 중서문하성은 고려 최고의 관아로 책임자인 문하시중이 나랏일을 모두 맡아보고, 상서성은 그 아래 6부(이부, 병부, 호부, 형부, 예부, 공부)를 두어 정책이 잘 진행되도록 조정했다. 왕의 직속 기구로는 도병마사와 식목도감을 두었는데 국가의 중대한 일을 의논하던 회의 기관이었다. 또 중추원은 군사 기밀과 왕명의 출납을 담당했고, 어사대는 정치의 잘잘못을 논하고 관리의 비리를 감시했고, 삼사에서는 화폐와 곡식의 출납에 대한 회계를 보았다.

983년 성종 2년에는 전국 12개 지역에 목(고려 시대 큰 마을에 두었던 지방 행정 단위)을 설치했다. 12목은 주나라 제도를 본받은 것으로 중앙에서 주목이라는 관리를 파견해 호족 세력을 억누르고 중앙 명령을 지방까지 전달하는 행정 체제였다. 그러나 조세나 공물을 거두어들이고 노역할 사람을 모으는 일은 행정 실무자인 향리가 담당했다.

교육 개혁을 통한 중앙 집권화

성종은 교육 정책에 관심이 많아 태학에 비용을 아끼지 않고 지원했다. 유학을 나라를 다스리는 근본 원리로 삼고 개경에는 국자감을, 지방에는 향교를 세워 교육 개혁을 통한 중앙 집권화를 이루고자 했다.

성종이 하루는 모든 신하를 모아 놓고 말했다.

"각 도에서 효성이 지극한 사람을 찾아 상을 내려라. 백성이 착한 일을 하면 그것이 곧 짐의 복이오, 나쁜 일을 하면 곧 짐의 걱정이다. 부모를 잘 공양하는 자는 마땅히 칭찬해서 풍속을 아름답게 하라. 효자라면 반드시 국가의 충신이 될 수 있을 것이다."

이런 정책은 선비를 키우고 어진 사람을 구하여 백성의 삶을 이롭게 하고 효도와 충을 중요하게 여기는 분위기를 만들었다.

제8대 현종, 거란의 침입을 막아 내다

현종은 즉위 초기부터 거란의 침입으로 전쟁에 휘말렸다. 개경이 무너질 때 궁궐에 불이 나 보관하고 있던 역사 자료까지 모두 타 버렸다. 양규와 강감찬이 활약해 거란을 물리쳤지만, 피난했다가 개경으로 돌아온 현종은 자료가 불탄 것을 알고 몹시 안타까워했다.

"황주량은 들어라. 거란의 침략으로 궁궐이 불타면서 사초(사관이 기록한 역사 자료)가 불타 버렸다. 태조에서 목종에 이르는 7대 왕의 실록을 다시 편찬하라."

황주량은 전국 곳곳을 돌아다니며 자료를 모았다. 현종은 황주량, 최충, 윤정고를 수찬관(고려 시대 역사를 기록하는 사관)에 임명했다. 그렇게 해서 1013년 9월 실록을 편찬하기 시작해 21년 뒤인 1034년에 총 36권으로 《칠대실록》 편찬을 마쳤다. 이 실록이 고려 시대 최초의 실록이다.

현종은 문화와 불교를 발전시키는 데도 힘을 쏟았다. 벽란도(예성강 하류에 있던 항구로, 고려 시대의 가장 큰 무역항)를 통해 개경으로 외국 문물이 들어왔는데, 고려에서는 금과 은을 외국으로 수출했으며 비단과 향료와 술을 수입했다.

또, 전쟁 중에 불타거나 무너진 황룡사를 비롯한 사찰을 수리하고

《대장경》도 편찬했다. 비록 여러 차례 외침을 받았지만 현종은 그 기회를 이용해 나라의 힘을 키웠다. 6000여 권에 이르는《대장경》은 훗날《팔만대장경》의 기초가 되었다.

제10대 정종, 천리장성을 쌓다

정종은 1034년 9월, 열아홉 살에 승하한 친형 덕종의 뒤를 이어 열일곱 살에 제10대 왕에 올랐다. 그때까지도 거란의 침입이 계속되어 사회는 늘 불안했다. 정종은 거란과의 외교 관계를 무엇보다 중요하게 여겼다.

"전쟁이 계속되어 백성은 늘 마음을 졸이고 있다. 거란과 화친을 맺어 백성을 걱정에서 벗어나게 해야 한다."

정종은 황보유의를 불러 방법을 찾았다.

"거란에 사신을 보내 외교를 맺자고 전하라. 그리고 거란과 우호 관계를 맺더라도 국방을 튼튼히 하는 일은 소홀해서는 안 된다."

그리고 정종은 제9대 덕종 대에 쌓기 시작한 천리장성을 계속 쌓게 했다. 그를 못마땅하게 여긴 거란에서는 장성을 계속 쌓으면 다시 침입할 수도 있다는 뜻을 전했다.

"우리가 성을 쌓는 것은 나라를 지키기 위한 당연한 일이오. 거란에 잡혀 있는 고려 사신을 돌려보내고 압록강 지역을 돌려주면 외교를 맺을 것이오."

정종이 뜻을 굽히지 않자 거란은 고려 사신을 돌려보내고 1038년 4월 고려와 외교 관계를 맺었다. 이로써 정종은 나라를 한층 안정시켰다.

제11대 문종, 고려의 황금 시대를 이루다

검소함을 몸소 보이다

문종은 성군이었다. 문무의 재능을 모두 갖춘 데다 사리에 밝아 주변에서 칭송이 자자했다. 37년 동안 나라를 다스리면서 고려의 황금시대를 열었다. 이때에는 정치, 사회, 문화, 외교, 학문 등 모든 분야가 발전했다. 특히 최충을 시중으로 앉힌 뒤로는 태평성대였다.

문종은 즉위하자마자 신하를 모아 이렇게 말했다.

"윗물이 맑아야 아랫물이 맑은 법이니 위에서 검소해야 한다. 금은으로 장식된 짐의 용상과 답두(발 디딤판)를 동과 철로 바꾸고, 금은실로 된 이불과 요도 비단으로 바꾸어라."

그리고 이런 명령도 내렸다.

"환관과 내시가 너무 많다. 수를 줄이도록 하라."

이렇듯 몸소 검소하게 생활하며 나라 살림을 아꼈다. 당연히 신하들과 왕족, 귀족들도 사치를 부릴 수 없었고 정치도 깨끗해졌다.

백성을 위한 법을 만들어라

문종은 법률 제도에도 확고한 생각이 있었다. 법률이 안정되어야 사회가 안정되어 나라를 통치하는 데 순조로울 것이라고 생각했다. 문종은 최충과 율사가(법률가)들에게 잘못된 법률을 현실에 맞게 고치도록 했는데 가장 먼저 고친 것이 형법이었다. 그리고 상속할 수 있는 일정한 토지를 지급하는 공음전시법이 제정되었고, 관료의 녹봉 제도를 정리하는 등 하나하나 새로운 법을 만들었다. 그중 1050년에 만든 재면법과 답험 손실법은 백성의 고충을 진정으로 헤아린 법이었다.

"가뭄과 홍수는 사람의 잘못이 아니라 하늘의 일인데 그로 인해 힘든 농민이 많다. 재해가 일어나면 세금을 면제받는 법(재면법)과, 논밭의 피해가 얼마인지 직접 조사해서 세금을 면제해 주는 법(답험 손실법)을 제정하라."

또 형벌 제도를 개혁한 삼원신수법(죄수를 신문할 때 관리를 3명 이상 두는 제도)과 고교법(국자감 재학 기간을 유생은 9년, 율생은 6년으로 제한

하는 제도)도 마련했다.

학문과 문화의 전성기

문종 대에 이르러 고려의 학문과 문화는 바야흐로 전성기였다. 나라에서 운영하는 교육 기관인 국자감이 있었으나 사립 교육 기관은 없었다. 그런데 최충이 벼슬에서 물러난 후 구재 학당이라는 최초의 사립 교육 기관을 세웠다.

"최충이 세운 학교에 많은 선비가 모이고 있습니다."

"정말 기쁜 일이오. 학문에 대한 열의가 높아지는 계기가 될 것이라고 믿소."

그런데 1055년 7월, 한 신하가 달려와 다급하게 보고했다.

"거란이 압록강 동쪽 땅에 성을 쌓고 다리를 놓는다고 합니다."

"뭐라고? 압록강을 경계선으로 하자고 분명히 약속했는데 그게 무슨 말인가?"

이때 거란은 새로운 왕이 즉위한 직후였다.

"이번 축하 사절단을 보낼 때 거란 왕에게 항의문도 함께 보내라."

신하들은 항의문을 다음 기회에 보내자며 문종을 설득했다. 거란에 새 왕이 즉위했는데 괜히 자극하는 것 같다는 이유였다. 그러나 문종은 항의는 정당한 것이며, 그렇게 해야 거란의 사 왕도 고려를 함부로

대하지 못할 것이라고 생각했다.

한편, 문종은 송나라 문물을 배우는 데도 적극적이었다.

1058년 8월, 문종은 신하들에게 명령했다.

"송나라와 국교를 다시 맺도록 하라."

신하들은 송나라와 다시 국교를 맺는 것을 반대했다. 거란과 평화를 유지하기 위해 송나라와 국교를 끊었는데, 다시 맺게 되면 거란과 관계가 나빠지고 평화가 깨질 것이라는 이유였다. 문종은 신하들의 반대에도 뜻을 굽히지 않았다. 결국 1071년 3월, 민관시랑 김제를 송나라에 보내 국교를 맺었다.

"짐은 송나라의 선진 문화에 관심이 많다. 그들과 교류하면서 선진 문물을 받아들이고 문화를 부흥하고자 하니 그대들은 염려하지 마라. 거란과는 국교를 유지해서 북방을 안정시킬 것이다."

불교의 부흥

문종 시대에는 이자연을 중심으로 불교가 번성했다. 문종의 신임을 받았던 이자연은 내사시랑 평장사(지금의 부총리)에 올랐다. 그리고 딸 셋을 모두 문종에게 시집보내 조정의 실세가 되었다. 또 1055년에는 최충의 뒤를 이어 시중(중앙 최고 통치 기관인 문하부 최고 벼슬)에 올랐다.

"부처의 힘을 빌려 나라를 행복하게 할 생각이니 알맞은 곳을 선택해서 사원을 짓게 하라."

이에 많은 신하가 반대하는 뜻을 나타냈다.

"폐하, 사원을 지으면 산과 강을 해칠 수 있습니다. 명을 거두어 주십시오."

"최충이 유학 열풍을 일으켜 지배층 대부분이 유학도들이오. 그런데 백성 대부분은 불교를 믿고 있으니 민심을 통일하는 데는 불교가 유리할 것이오. 그리고 유학이 지나치게 부흥하는 것도 견제할 수 있고 말이오. 짐은 불교가 그 역할을 할 수 있다고 믿소."

문종은 농사철을 피해 백성을 동원하게 해서 흥왕사를 창건했다. 그리고 불심이 깊었던 문종은 자신의 세 아들을 도아 놓고 누가 출가할 것인지 물었다. 그때 출가한 아들이 바로 대각국사 의천이다. 최충을 비롯한 유학도 중심의 문신 세력이 문종 시대 전반기를 이끌었다면, 후반기는 불교 세력과 결합한 이자연의 경원 이씨 세력이 이끌어 갔다.

제13대 선종, 승과를 마련하다

선종은 시와 문장에 뛰어난 왕이었고, 불교와 유교 어느 쪽에도 치

우치지 않고 나라를 안정적으로 다스렸다. 1084년에는 승과를 실시해 승려도 관직에 나갈 수 있는 길을 마련했다. 이때 1년 10개월 동안 송나라에서 유학하고 돌아온 의천이 천태종을 창시했다. 천태종은 《법화경(부처가 세상에 나온 본뜻을 담은 불교 경전)》을 근본 경전으로 하는 불교 종파이다. 화엄종이 경전의 이론을 중심으로 하는 종파라면, 천태종은 실천과 이론을 동시에 추구하는 종파이다. 또한 의천이 송나라에서 많은 불경을 가지고 들어와 《팔만대장경》의 기틀이 되는 《속장경》이 편찬되었다.

선종은 유교의 발전에도 힘을 쏟았다. 1091년에는 예부의 주장에 따라 국자감에 공자의 제자 안회를 비롯한 72현의 얼굴을 그린 벽화를 만들었다. 공자의 가르침을 최고의 학문으로 삼고 공자를 종교적으로 숭배하는 대상으로 끌어올린 것이다.

또 외교 면에서도 뛰어난 업적을 남겼다. 거란, 송, 일본, 여진 등과 교역하면서 주도권을 내어 주지 않았다. 거란에는 강경한 자세를 취하고 일본과는 교류를 넓힌 것은 눈여겨볼 부분이다.

제15대 숙종, 사회 문화 사업에 앞장서다

숙종 시대의 사회 문화적 발전

제15대 왕으로 즉위한 숙종은 하루는 의천을 불러 말했다.

"내가 조카를 내쫓고 왕위에 앉았다고 백성이 수군대니 마음이 편치 않다."

숙종의 동생이자 임금의 스승 자격으로 불경을 가르치던 의천은 거침없이 말했다.

"폐하, 그럴수록 백성의 불편을 헤아려 나라를 다스리십시오."

"백성이 무엇을 가장 불편해 하는가?"

"너무 많은 세금입니다. 우선 세금을 줄이고 돈을 만들어 물건을 사고파는 데 편하게 하면 어떻겠습니까."

이후 숙종은 주전도감(돈을 만드는 관청)을 설치하고 엽전을 만들게 했다. 그리고 1097년 우리나라 최초의 화폐인 해동통보를 만들었다. 또한 우리나라의 모양을 본떠 은병을 주조해, 물건을 사고팔게 하니 상업이 크게 발달했다. 이렇듯 숙종은 사회 문제와 백성의 불편함을 살필 줄 아는 왕이었다.

또한 윤리를 중요하게 여겨서 6촌 이내의 족내혼을 금지했다. 그리고 국자감에는 책을 보관하고 인쇄하는 서적포를 설치해 출간 사업을 확대했다. 이외에도 유학을 보급하고, 불교를 번성하게 하는 데도 공을 들여 원효와 의상을 국사(나라의 스승이 될 만한 승려에게 조정에서 내리던 칭호)로 받들어 그들의 공덕을 높여 주었다.

여진에 맞서기 위해 별무반을 만들다

여진의 힘이 날로 강해지져 변방이 위태롭다는 보고를 들은 숙종은 이런 명령을 내렸다.

"동여진의 사신을 예의바르게 맞아들여 전쟁을 피하도록 하라."

"폐하, 뛰어난 기마 부대를 앞세운 여진의 전투력은 거란군을 앞지르고 있어 곧 대륙을 차지할 듯합니다."

이에 숙종은 여진과 정식으로 국교를 맺을 것을 지시했다. 그러나 1104년 1월 동여진 추장 오아속 부대는 고려 정주관문 밖까지 이르렀다. 고려는 임간 장군을 보내 여진을 물리치게 했으나 크게 패하고 말았다. 그 뒤 숙종은 윤관을 보내 여진과 맞서게 했는데 윤관마저 싸움에 진 뒤 가까스로 화의 조약을 맺었다.

숙종은 여진에 맞설 새로운 군대가 필요하다는 윤관의 건의를 받아들여 별무반을 만들고 여진 정벌을 준비했다. 별무반은 기마병이 중심이 된 여진에 대항하기 위한 부대였다. 기병으로 이루어진 신기군과, 보병으로 이루어진 신보군, 승병으로 이루어진 항마군으로 구성되었다.

제16대 예종, 여진을 정벌하다

영토 확장과 여진 정벌

왕우는 1105년 10월, 숙종이 죽자 스물일곱 살에 왕위에 올라 고려 제16대 왕 예종이 되었다.

"잘 들어라. 우선 여진이 남쪽으로 내려오는 것을 막는 동시에 거란에 잃었던 압록강변을 되찾는 일에 힘을 다할 것이다."

예종은 조정을 개편한 뒤 여진의 국경 침입에 대비하도록 했다. 그런데 1107년 윤 10월, 여진의 움직임이 심상치 않다는 보고를 받았다.

"먼저 십칠만 대군을 이끌고 가 여진을 정벌하라. 윤관을 상원수, 오연총을 부원수에 임명하노라."

그리고 예종은 몸소 서경에 가 변방 군사들의 사기를 높였다. 이렇게 예종이 직접 나서자 힘을 얻은 군사들은 여진과의 싸움에서 이겨 웅주, 영주, 복주, 길주 등 동북 지역에 9성을 얻게 되었다.

동북 9성 반환과 고려의 대외 정치

"폐하, 여진에 9성을 돌려주고 북방의 분란을 멈추게 하소서. 전쟁에 시달린 백성의 원망이 날로 높아지고 있습니다."

백성의 원망은 이만저만이 아니었다.

"여진은 사신을 보내 9성을 돌려주면 싸움을 걸지 않고 대대손손 공물을 바치겠다고 화의 조약을 청했습니다."

평장사 최홍사는 여진에게 9성을 돌려주자고 주장했다.

"폐하, 고려군이 여진을 물리쳐 차지한 9성을 돌려줄 수 없습니다."

하지만 예부낭중 박승중은 이를 강하게 반대했다.

"9성을 차지한 뒤 이를 지키기 위해 많은 백성이 피를 흘리고 있습니다. 고려는 거란과 여진을 모두 상대해 힘든 전쟁을 치러야 할지도 모릅니다. 9성을 돌려주고 여진의 조공을 받는 것이 현명한 일입니다."

여러 신하의 의견이 분분했으나 예종의 신임이 두터운 김인존의 주장에 힘이 실렸다. 결국 예종은 영토 확장을 멈추고 백성을 위해서 여진에게 9성을 반환했다. 이후 1115년에 여진은 금나라를 세웠고 추장 아골타는 자신을 황제라 일컬으며 고려에 형제지국(아주 친밀하고 가깝게 지내는 나라)을 요구했으나 고려에서는 받아들이지 않았다.

한편, 거란은 여진을 정벌하려고 원병을 요청했으나 고려는 대답을 피했다. 이런 중에 발해 유민들이 반란을 일으켜, 동경 유수 소보선을 죽이고 고구려의 왕족 고영창을 황제로 해 대원국을 세웠다. 이에 고려는 기회를 노리고 있다가 거란의 연호를 폐지하고 압록강변의 내완성과 포주성 양민들을 받아들여 영토를 넓혔다. 이렇게 예종은 중립 정책을 펴 가며 변방을 안정시켰다.

문화 정책과 민심 안정책 실시

"백성의 삶의 질을 높이는 데는 학문을 보급하고 문화와 예술을 널리 펴는 게 으뜸이다. 짐은 문화를 발전시키고 민심을 안정시키기 위한 정책을 펴는 데 힘을 쏟을 것이다."

예종은 1109년 국학(고려 시대 중앙 교육 기관)에 학과별 전문 강좌인 7재를 설치했다. 1116년에는 청연각과 보문각을 짓고 학사를 두어 경전이나 책을 토론하게 했다. 또 1117년에는 송나라에서 대성악을 들여왔는데 이것이 궁중 음악인 아악의 시초였다. 1119년에는 국학에 양현고라는 장학 재단을 설치해 학문을 장려하고, 1120년에는 팔관회를 열고 개국 공신인 신숭겸, 김락 등을 추도하여 손수 〈도이장가〉를 지었다.

임의 목숨을 온전하게 하신
마음은 하늘 끝까지 미치고
넋은 가셨지만
내려주신 벼슬은 또 대단하구나.
바라보면 알리라.
그 때의 두 공신이여,
이미 오래 되었으나
거룩한 자취는 나타나시도다.

예종은 어디서든 선비들과 시를 지어 서로 화답하기를 즐겼다. 송나라의 선진 문화를 숭상하며 유학의 발전에 힘쓰면서, 동시에 토속 신앙과 불교를 조화롭게 발전시켜 문화의 수준을 높였다. 또 민심을 안정시키기 위해 각 지방에 탐관오리를 몰아내는 감무와 안찰사를 파견하고, 요순시대(요임금과 순임금이 다스리던 중국의 태평한 시대)의 정치를 구현한다며 모든 감옥을 비우기도 했다. 특히 1112년에는 혜민국을 설치해 가난한 백성의 질병을 돌보게 했으며, 1113년에는 예의상정소를 설치하여 민간 예의의 원칙을 보급했다.

제18대 의종, 무신 정변을 불러오다

의종의 환관 정치

1146년 2월 인종이 죽고 의종이 스무 살의 나이로 고려 제18대 왕에 올랐다. 태자 자리에서 물러날 뻔한 위기에서 의종을 구한 사람은 예부 시랑 정습명이었다. 평소 인종의 신임이 두터웠던 정습명은 원칙을 중요하게 여겨서 항상 모든 일을 원칙에 따라 처리했다. 그런데 날이 갈수록 간섭이 심해진다고 느낀 의종은 정습명을 점점 멀리했다. 그리고 원로대신 김부식과 임원후 등의 문신도 여러 가지 규제를 하고 간섭하자 일부러 반발하는 행동을 했다. 편전에 나가지 않거나 정사를 소홀히 하는 식이었다.

"정습명의 간섭에서 벗어나고 싶다. 문신 귀족의 지나친 간섭에서 벗어나려면 내 세력이 필요하다."

그때 환관 정함이 나서서 의종에게 내시 사령 영의, 형부 낭중 김존중, 정성 등의 내시와, 내시 출신 신하들이 의종의 측근을 자처하며 조정 대신들과 세력을 겨루어 보겠다고 했다.

"좋소. 그럼 조정에서 벗어나 격구(말을 타고 공채로 공을 쳐서 문 안에 집어넣는 경기)와 태껸을 즐기러 갈 테니 준비하라."

이처럼 나라가 위태로운 상황에서 의종은 일부 신하와 놀이를 즐기느라 정신이 없었다. 이런 왕을 보며 백성은 수군댔다.

"왕의 명령이 모두 고자(환관을 비유하는 말)한테서 나온다."

이렇게 의종 후반기는 환관들이 좌우하는 환관 정치였다.

정중부의 난과 문신 귀족의 몰락

"장군, 더 이상 문신의 횡포를 참을 수 없습니다."

이고가 정중부에게 말했다.

"장군께서도 옛날 김돈중에게 모욕을 당한 적이 있지 않습니까?"

이의방도 거들었다.

"김돈중이 제 아비인 김부식 대감을 믿고 내 수염에 불을 붙이는 못된 짓을 했네."

"폐하께서 시문 짓기를 즐기니 문신과 무신의 차별이 더 심합니다."

"문신은 1품까지 올라가는데 무신은 3품까지만 올라갈 수 있고 쫄쫄 굶으며 호위만 하고 있으니 도저히 참을 수 없소."

"그것보단 5품 이상 귀족의 자손이라는 이유로 과거도 거치지 않고 벼슬을 물려받는 음서 제도가 더 문제요. 그게 아니면 집에만 있을 무식한 문신도 많은 게 사실 아닙니까? 허나 제도가 이러하니 늘 무신만 얕잡아 봅니다."

이런 말을 들으며 정중부는 마음을 굳혔다.

"문관의 관을 쓴 놈들은 한낱 서리라도 모조리 죽여라."

정중부는 군사를 이끌고 대궐로 달려가 별감 김수장과 관원 수십 명을 죽였다. 이로써 조정을 무신들이 장악했다. 정중부에서 경대승, 이의민, 최충헌에 이르도록 백 년 동안 무신 정권 시대가 열리게 되었다. 20여 년 동안 향락에 빠져 나라 일을 제대로 돌보지 않았던 의종은 결국 권력을 무신에게 내주고 말았다.

무신 정권 시대

제19대 명종, 정중부에 의해 왕위에 오르다

힘없는 왕과 무신의 권력 투쟁

명종은 인종의 셋째 아들로, 1170년 9월 정중부가 의종을 몰아내고 제19대 왕으로 세운 인물이다. 당시 고려는 무신 정권 시대로 접어들면서 왕은 허수아비에 불과했다. 급기야 명종은 이런 명을 내리기에 이르렀다.

"공신 정중부, 이고, 이의방의 초상화를 그려 궁궐 안에 붙여라."

정권을 장악한 무신들은 중방(회의 기관, 무신 정치의 핵심 기관)을 설치하고 각자 세력을 키우는 데 전념했다. 문신에게 언제나 무시당했다며 무신의 세상을 만드는 데 여념이 없었다. 특히 반란의 중심이었던 정중부는 무신을 모아 놓고 목소리를 높였다. 이렇게 허수아비 왕 아래 무신의 반란은 끊이지 않았다.

1171년, 이고는 정중부와 이의방에 비해 명종이 자신을 홀대한다고 생각하고 반란을 도모하다 이의방에게 살해되었다. 이후 이의방은 힘이 약해진 정중부를 밀어내고 권력을 쥐었다. 그 후 3년이 지난 1173년 8월, 다시 이의방을 비롯한 무신들을 몰아내려는 사람이 나타났다.

"행패를 부리며 활개를 치는 무신을 몰아내지 않고 어찌 이 나라의 신하라 하겠는가!"

고려 동북쪽 지방을 다스리는 김보당이라는 문신이었다. 김보당은 군사를 일으켜 정중부와 이의방을 몰아내려 했다.

"신하가 왕을 몰아내고 마음대로 다른 왕을 세웠으니 거제도에 갇힌 의종을 다시 모셔와 모든 것을 제자리에 돌려놓아야 한다."

김보당은 정중부가 의종을 거제도로 내치고 의종의 동생을 왕(명종)으로 앉힌 것을 못마땅하게 여겨 복위를 시도했다. 그러나 의종은 경주에서 이의민에게 허리가 꺾인 채 살해되어 연못에 던져지고 김보당은 뜻을 이루지 못했다.

이의방은 자신의 세력을 키우기 위해 1174년 딸을 태자비로 시집보냈다. 조위총이 군사를 일으키자 이의방이 서경군을 치려고 출전했을 때, 정중부와 아들 정균이 승려 종감과 모의하여 이의방을 없앴다. 정권은 다시 정중부의 손아귀에 들어갔다.

이렇게 반란이 이어지는 가운데 정중부와 그 측근들은 권력을 이용해 재산을 모으는 데 정신이 팔려 있었다. 정중부의 부하인 정종실, 송유인 등은 뇌물을 받고 엄청난 재산을 모으며 온갖 행패를 부렸다. 이러니 민심이 들끓을 수밖에 없었고, 청년 장수 경대승과 허승이 모여 일을 꾸몄다.

"정중부와 아들 정준을 죽이는 수밖에 없다."

1179년 9월 정중부를 제거한 경대승은 무신 정권의 권력 기반인 중방을 무너뜨리고 도방(사병 집단으로 반대 세력을 없애는 데 이용)을 만들어 함부로 사람을 죽이고 재물을 빼앗아 백성의 불만을 샀다. 경대승은 이렇게 권력을 4년이나 쥐고 있었다.

"정중부 귀신이 나타났다. 정중부가 나를 죽이려 한다."

1183년 7월 경대승이 갑자기 죽고 명종은 정권을 이의민에게 넘겼다.

"짐은 고향에 있는 이의민에게 병부상서 벼슬을 내리노라."

이렇게 해서 이의민의 권력은 13년이나 계속되었다. 이의민은 왕위까지 넘보며 청도의 '김사미 난'과 울산의 '효심의 난'을 지원하기도 했다.

1196년 4월 이의민은 최충헌 형제에게 살해되었다. 권력을 쥔 최충헌은 1197년 9월 예순여섯 살이 된 명종을 내쫓고 명종의 아우 평양공 민을 왕으로 세웠다.

망이·망소이의 난

푸대접받던 무신이 난을 일으켜 하루아침에 권력을 잡는 것을 보고 백성도 난을 일으켰다. 무신의 횡포를 견디다 못해 난을 일으킨 것이었다. 그중 공주 명학소에 망이와 망소이 형제가 있었다. 1176년 1월, 망이와 망소이는 이렇게 외쳤다.

"백성에게 고통만 안겨 준 무신 정권의 억압에 시달렸던 사람들이여 동참하라."

"우리도 뭔가 보여 주자. 무신 놈들 등쌀에 이대로는 못살겠다."

마을 사람들과 함께 일으킨 난은 큰 기세를 떨쳐 그들을 제압하던 정부군이 오히려 크게 지고 말았다. 이에 당황한 조정은 명학소를 충순현으로 승격시키며 사람들을 달랬다.

"권력을 잡은 무신 가운데 천민 출신도 있소. 우리가 성공하면 힘든 생활에서 벗어날 수 있소. 저들의 꼬임에 넘어가지 말고 우리 뜻을 이룰 때까지 목숨을 걸고 싸웁시다."

망이·망소이는 조정의 회유를 거부하고 충주까지 점령했다. 다급해진

조정에서는 대장군 정세유와 이부를 파견해 난민을 토벌하게 했다. 망이와 망소이는 정중부가 보낸 군대와 1년 반 동안 맞섰다. 하지만 정부의 군대가 워낙 강했기에 뜻을 이루지 못했다. 결국 1177년 망이와 망소이가 강화(싸움을 그치고 평화로운 상태가 되는 것)를 요청해 난은 진정되고 있었다.

그런데 두 달 뒤 일이 벌어졌다. 망이·망소이가 사는 집에 정부군이 들이닥쳤다.

"난을 일으킨 망이·망소이 가족을 모두 잡아들여라."

정부군은 그들을 모두 감옥에 가두었다. 그리하자 잠잠했던 난민들이 다시 뭉쳐 일어났다.

"망이·망소이 가족을 풀어줘라!"

분노한 난민들은 청주목을 거의 장악했다. 그러나 그해 7월 망이와 망소이 등 주동자들이 다시 감옥에 갇히면서 난은 실패하고 말았다.

제20대 신종, 실권 없는 늙은 왕

최충헌의 공포 정치와 이름뿐인 왕

신종은 1197년 9월 쉰네 살로 최충헌에 의해 고려 제20대 왕에 올랐다.

"이제는 내 세상이다!"

최충헌이 조정의 모든 결정권을 쥐고 신종은 이름뿐인 왕이었다.

"내 말을 안 듣거나 나에게 도전하는 자는 누구든 가만두지 않겠다!"

최충헌은 권력을 위해서는 동생 최충수까지도 죽여 가며 독재 정치를 폈다. 한때 최충헌은 백성을 회유하려고 신종에게 죄수들을 석방하게 하고 과거를 실시해 인재를 뽑기도 했다. 그러나 최충헌은 겉과 속이 다른 사람이었다. 1203년 조정의 병권 및 인사권, 행정권을 완전히 장악하고 60년 장기 집권의 토대를 만들었다.

'내 말을 잘 듣는 사람들로 조정을 채우리라.'

최충헌이 권력을 차지하면서 고려 사회는 더할 수 없이 부패했고 백성은 권력층의 횡포로 더욱 굶주림에 더욱 시달렸다.

만적, 노비 제도 철폐를 꿈꾸다

1198년 5월, 어둠이 내린 개경 북악산에 한 무리의 노비들이 모였다.

"이 땅에는 정중부의 난 이후 우리 같은 천한 신분에서도 높은 벼슬에 오르고 있다. 이 세상에 왕의 씨와 노비의 씨가 따로 있나? 대장이나 정승이 본래 종자가 따로 있나? 시기를 잘 만나면 누구나 왕이 될 수 있다. 우리만 어찌 채찍질을 당하며 천한 일을 하겠는가?"

최충헌의 종 만적은 노비를 모아 놓고 말했다. 여기저기서 탄성이 터져 나오고 한숨이 새어 나왔다. 만적과 맛장, 연복, 성복, 소삼, 효삼 등 노비 6명은 봉기 계획을 세웠다.

"우리가 흥국사 마당에서 한꺼번에 모여 북을 치면 궁의 환관들이 이에 응할 것이다. 궁궐 노비들은 안에서 일을 행할 것이다. 우린 먼저 최충헌을 죽이고 각자 자기 주인을 죽인다. 노비 문서는 불태워라. 그럼 우리도 높은 자리에 오를 수 있다."

이들은 5월 17일 흥국사에 모이기로 하고 헤어졌다. 누런 종이에 '정' 자를 새겨 같은 편을 알아보는 표시로 삼기로 했다. 그런데 거사를 치르기로 한 날 흥국사에 모인 노비들은 예상과 달리 너무 적었다.

"겨우 백여 명밖에 모이지 않았소. 이 숫자로는 힘드니 거사를 미룹시다."

만적과 주동자들은 21일에 다시 모이기로 했다. 그런데 노비들 가운데 율학박사 한충유의 종이 있었다. 순정이라는 자로, 이 사람이 한충유에게 모든 사실을 일러바쳤다. 한충유는 즉시 최충헌에게 달려갔다.

"뭐라고? 우리 집 종놈 만적이 주동자라고? 모두 강물에 처넣어 죽여라!"

결국 순정의 배신으로 만적을 포함한 100여 명의 노비들은 최충헌에게 잡혀 온몸이 밧줄에 묶인 채 강물에 던져졌다.

"아, 잘못된 신분 제도를 없애기 위해 난을 일으켜 보려 했는데 순정의 배신으로 이리 끝나는구나."

만적과 주동자들은 이를 악물었다.

한편 반란 사실을 알린 한충유는 벼슬이 올라갔다.

"순정아, 네게 백금 팔십 냥을 주마. 그리고 노비에서 해방시켜 주마."

이렇게 해서 순정은 노비에서 해방되었다. 비록 만적의 난은 실패했지만 노비들의 의식 변화에는 영향을 주었다.

제21대 희종, 왕권을 되찾으려 하다

최충헌을 죽여라

1204년 1월, 신종의 선위를 받아 정식으로 고려 제21대 왕이 된 희종은 왕권을 되찾는 데 힘을 기울였다. 이때도 역시 나랏일은 최충헌이 모두 결정하고 있었다.

공포 정치를 해 오던 최충헌은 이규보를 불렀다.

"내가 그대를 등용하려 하니 나를 도와주시오."

최충헌은 정중부의 난 이후 자취를 감추었던 문인을 등용하여 권력을 유지하는 데 이용했다. 1209년에 설치한 교정도감은 사실 권력을 휘두르는 기관으로, 중방은 있으나마나 한 기관이 된 지 오래였다. 이렇게 최충헌의 서슬 퍼런 칼날 아래서도 그를 없애려는 움직임이 남모르게 진행되고 있었다.

"최충헌을 이대로 두면 나라는 끝장이 나고 말 것이다."

"그렇습니다. 자기 집을 짓겠다고 남의 집 백여 채를 헐어 버린 일도 있었습니다."

희종은 측근 내시들과 모의하고 최충헌을 내전으로 불렀다.

"오늘은 그대와 술과 음식을 나누며 나랏일을 의논하고 싶소."

희종은 술과 음식을 준비해서 궁궐 깊은 곳으로 최충헌을 끌어들였다. 아무것도 모르고 온 최충헌은 갑자기 내전 복도가 소란해진 것을 보고 수상히 여기다가 자신을 죽일 자객이 들이닥친 것을 눈치챘다.

"이, 이런! 왕이 감히 나를 죽이려 하다니."

희종은 얼른 내실 문을 닫았다. 최충헌은 다급히 다락에 숨었다.

"우리가 한발 늦었다. 최충헌이 몸을 피했다."

승려 몇 명이 내전으로 달려왔지만 최충헌을 찾을 수 없었다. 가까스로 죽을 위기에서 벗어난 최충헌은 이들의 모의를 도와준 희종을 폐위시키고 강화도로 유배시켰다.

제23대 고종, 몽골의 침입을 일곱 번이나 견디다

계속되는 몽골의 침략과 고려의 항쟁

고종은 강종의 맏아들로 강종의 선위(왕위를 물려주는 일)와 최충헌의 지지를 받아 스물두 살에 왕위에 올랐다. 당시 몽골은 거란을 동쪽으로 내몰고 만노가 반란을 일으켜 진나라를 세우던 시기였다. 몽골은 처음에는 고려와 형제지국의 관계를 형성했는데 그 관계는 오래가지 못했다.

"대몽골 사신 저고여가 고려에게 피살되었다."

고종 12년, 몽골 사신 저고여가 귀국하는 길에 압록강변에서 도적들에게 죽임을 당하는 일이 벌어졌다. 몽골은 고려에서 저고여를 죽였다고 생각하고 이를 꼬투리 삼아 고려와 외교 관계를 끊어 버렸다. 그리고 1231년 8월, 몽골군은 마침내 원수 살리타의 지휘 아래 압록강을 건너 침략해 왔다. 고려는 몽골군을 막을 힘이 없었다. 모두 일곱 번에 걸쳐 몽골은 28년 동안 고려를 침략했다. 결국 의주까지 무너지고 난 뒤 고려 조정은 몽골에 화친을 청했다. 총독 다루가치를 고려에 남겨 두고 몽골은 철수했다.

강화로 천도하다

최충헌이 죽자 그의 맏아들 최우(나중에 최이로 개명)가 실권을 장악했다.

최우는 고려 전역에서 도적들이 민가를 털자 야별초(밤에 도둑을 단속하기 위해 설치한 군대)를 조직해 순찰을 돌게 했다. 그렇게 세상에 무서울 것 없던 최우에게 위기가 닥쳤다. 중국 북쪽 초원에서 일어나 무서운 기세로 힘을 키운 몽골이었다. 몽골은 고려와 형제의 관계를 맺고도 자주 공물을 요구하며 괴롭혔다.

"강화도로 수도를 옮겨야 합니다. 대대로 유목민인 몽골군은 바다에서 싸우는 데 약할 것입니다."

최우가 의견을 냈다.

"안 됩니다. 육지에 남은 백성이 몽골군에게 엄청난 피해를 당할 것인데 조정만 강화도로 옮기면 무슨 소용이 있겠습니까?"

최우의 권세에 눌려 아무도 반대하지 못하는 가운데 참지정사 유승단은 단호하게 반대했다. 그리고 야별초 지휘관 김세충도 이 의견에 찬성했다. 최우는 김세충을 처단해 버렸다. 그러니 아무도 천도를 반대하지 못하고, 결국 고종 19년 6월 16일에 강화도로 천도했다.

"우리 몽골은 고려가 강화로 천도한 것이 매우 불쾌하도다."

몽골은 1232년 2차 침략 때 개경 환도를 요구하며 경상도까지 내려가 약탈했다.

국난을 이겨 내려는 마음을 모은 《팔만대장경》

수원의 처인성에서 김윤후가 살리타를 사살하자, 몽골은 고려에서 철수했다가 1235년에 다시 세 번째 침략을 했다.

"부처의 힘으로 외적을 물리치자."

고려는 《팔만대장경》을 만들며 몽골과 항전을 벌였다. 《팔만대장경》은 《고려대장경》이라고도 하는데 경판의 수가 8만여 판에 달하고, 8만4000 번뇌를 풀어내는 8만4000 법문이 수록되어 있는 방대한 목판 경전이다. 그런데 1232년 몽골군의 침입으로 부인사가 불타는 바람에 《초조대장경》과 의천이 만든 《속장경》이 불타 버렸다. 이에 최우는 1236년에 대장도감을 설치하고 《대장경》을 판각하기 시작해 12년 만에 완성했다.

1247년에는 몽골이 4차 침략을 했다. 그리고 몽골이 물러간 뒤 1249년 최우가 죽고 그의 아들 최항이 실권을 쥐었다. 1251년 몽골은 고종에게 도읍을 다시 개경으로 옮길 것을 요구하며 5차 침략을 했다. 이렇게 수십 년 동안 전쟁이 계속되면서 백성의 고통은 이루 말할 수 없었다.

"짐은 그만 개경으로 나가고 싶소. 백성을 적에게 남겨 두고 나만 피

난 온 것이 마음에 걸리오. 몽골과는 화친하고 싶소."

고종은 신하들에게 그만 개경으로 돌아가고 싶다는 뜻을 전했다.

"안 됩니다. 계속 싸워야 합니다."

"백성이 다 죽어가는 데 무슨 말이오?"

"개경으로 돌아가면 몽골에게 항복하는 것입니다."

고종의 바람과 달리 최항은 끝내 강화도에 머물며 항전했다. 그리고 1257년 서자 최의에게 권력을 물려주고 병들어 죽었다. 그해에 몽골군이 일곱 번째로 고려에 침입했다.

"우리가 최씨 일가를 무너뜨립시다. 그 일가는 강화도에서 궁궐처럼 집을 지어 풍족하게 살지만 백성은 적의 말발굽에 짓밟히고 힘들게 살고 있소."

1258년 4월 유경과 김인준이 뜻을 모아 최의를 죽였다.

"드디어 최씨 무신 정권이 육십 년 만에 무너졌다."

백성은 최씨 일가가 무너졌다는 소식을 듣고 기뻐했다. 그해 12월 고려 조정은 개경으로 다시 돌아오고 태자를 몽골에 보내기로 약속하고서야 전쟁이 끝났다. 몽골과 화의 조약을 맺은 고종은 1259년 6월 강화도에서 예순여덟 살로 생을 마쳤다. 재위 기간은 45년 10개월로 고려 왕 중 가장 오래 왕위에 있었다.

제24대 원종, 개경 환도와 삼별초의 저항

고종의 아들인 태자는 직접 몽골에 가서 항복하겠다는 뜻을 전했다. 몽골은 원하는 곳은 어디든 공격해 손에 넣었는데 고려만 그렇게 못하다가 항복 소식을 듣고 기뻐했다.

"우리 몽골은 곧 군대를 거두고 잡아간 포로를 풀어주겠다."

이렇게 전쟁은 끝났으나 고려는 그때부터 몽골을 섬기게 되었다. 고종이 죽은 뒤 왕이 된 태자 원종은 원나라의 힘을 빌려 무신 정권을 물리치고자 수도를 개경으로 옮겼다. 당시 권력을 잡은 임연 때문에 왕위에서 쫓겨날 뻔하다가 원나라의 도움으로 네 달 만에 왕위를 되찾았다. 그런데 개경으로 환도하자 삼별초가 난을 일으켰다. 이 난은 하층민의 지지를 받았으나 원나라와 고려 연합군에게 진압되었다.

보통 몽골은 자신들이 차지한 나라는 철저히 짓밟고 왕실과 조정을 없애 몽골의 한 지방으로 만들어 버렸다. 하지만 고려에는 그렇게 하지 않았다. 대신 고려 왕이 원나라 공주와 혼인해 사위가 될 것을 요구했다. 가장 먼저 원나라 공주와 결혼한 사람은 원종의 아들이었다.

원나라의 간섭 시대

제25대 충렬왕, 친원 정책을 펴다

원나라의 부마가 된 충렬왕

충렬왕은 제24대 원종의 맏아들로 원나라 연경에 머무르다가 원종이 죽자 귀국하여 고려 제25대 왕에 올랐다. 원나라에 갔던 태자가 돌아온다니 백성은 구름 떼처럼 몰려들었다. 태자는 변발에 호복을 하고 돌아왔다. 그리고 원나라 황제인 쿠빌라이 칸의 딸과 결혼해 함께 들어왔다. 이 사람이 바로 훗날 충렬왕이 되었다.

충렬왕이 즉위하면서 고려는 변발과 호복을 해야 했다. 친원 정책을 내건 충렬왕은 원나라의 요구대로 1274년 10월 일본을 정벌했다. 원나라 혼도와 홍다구, 고려의 김방경이 여원 연합군을 이끌고 쓰시마 섬을 공격했다. 그러나 한밤중에 태풍으로 큰 피해를 입은 여원 연합군은 고려로 철수했고 일본 원정은 실패로 끝났다.

원나라의 간섭으로 바뀐 것들

몽골에서 고려는 좀 특별히 대우했다고 하나 그래도 고려는 몽골에 항복한 나라였다. 어쩔 수 없이 이런저런 간섭을 받아야 했다. 우선 몽골은 고려의 행정 관제를 낮추게 했다. 1275년 중서문하성과 성서성을 합쳐 첨의부로, 추밀원은 밀직사로, 어사대는 감찰사로 낮추었다. 그리고 제25대 충렬왕부터 30대 충정왕까지 왕의 시호에 원나라에 충성을 다한다는 '충(忠)' 자를 붙이도록 강요했다. '섬돌 아래'라는 뜻이 담긴 '폐하(陛下)'라는 존칭은 '궁궐 아래'라는 뜻의 '전하(殿下)'로, '태자'는 '세자'로 부르게 했다. 이외에도 매를 잡아 바치거나 배를 만들어 바치라는 요구도 했다.

이런 요구 때문에 고려에는 몽골식 기병이 야간 순찰을 하는 순마소와, 매를 잡는 일을 하는 응방이라는 관직도 생겼다. 또 원 간섭기에는 몽골 풍의 문화가 유행했다. 결혼식 때 머리에 올리던 족두리도 원나라에서 온 풍습이었다. '수라'나 '마누라' 같은 말이나, '만두' 같은 음식도 원나라에서 들어왔다. 그리고 원나라에서도 고려 문화가 인기였다. 고려의 음식과 음악을 즐기는 것이 크게 유행했는데 원나라에서는 고려 풍습을 '고려양'이라고 했다.

  고려 사람들은 문물이 발달한 원나라에서 새로운 것을 배워 오고 싶어했다. 학자들 중에는 성리학을 공부해 원나라 과거 시험에 합격해서 벼슬에 나아가는 사람도 있었다. 이밖에도 정동행성이라는 기관이 설치되었는데, 이는 몽골이 일본을 정벌하기 위한 것이었다. 정동행성

은 1차 일본 원정이 실패한 뒤 폐지되었으나 얼마 뒤 다시 설치되었다. 형식상 고려 왕이 최고 책임자였으나 고려 내정을 간섭하고 원나라에 맞서는 사람들을 가두었다. 반대로 원나라와 가까이 지내는 부원배는 뒤를 지켜주었다. 고려가 원나라에 휘둘리자 원나라에 아부해서 이익을 챙기는 자들이 생겨난 것이었다. 부원배들은 원나라 황실이나 높은 관리들에게 뇌물을 바쳐서 벼슬을 하나라도 얻으려고 애를 썼다. 그렇게 벼슬을 얻게 되면 백성에게 갖은 위세를 떨면서 횡포를 부려 자신들의 배를 불렸다.

정동행성의 부속 기관으로는 원나라와 관계된 범죄를 다스리는 이문소가 있었다. 이문소 관리들은 부원배의 편을 들고, 고려 관리를 체포하는 등 갖은 횡포를 부려 원망이 자자했다.

제26대 충선왕과 만권당

한 나라의 왕을 마음대로 내쫓고 복위시키다

충선왕은 세자로 있던 1292년(충렬왕 18년)에 조인규의 딸과 결혼했다. 그런데 1296년(충렬왕 22년)에 세자로 원나라에 가 있을 때 몽골 공주인 계국 대장 공주와 정략 결혼을 했다. 충선왕은 1298년 왕이 되자 정방을 폐지하고 권신들의 토지를 몰수하는 등 관제를 개혁했다. 그런데 계국 대장 공주가 조비(조인규의 딸)가 자신을 저주하고 있으며, 충선왕 또한 자신을 거들떠보지도 않고 제국에 반하는 정치를 한다는 편지를 원나라 황태후에게 보냈다.

충선왕은 이 일로 왕위에서 쫓겨나 원나라에 압송되었다가 1308년 다시 복위되었다.

하마터면 고려가 없어질 뻔하다

홍중희라는 자가 원나라 황제에게 이런 글을 올렸다.

"고려를 없애고 원나라의 땅으로 삼으십시오."

홍중희의 집안은 몽골군이 쳐들어왔을 때 항복해서 대대로 앞잡이 노릇을 했다. 충선왕과 고려 신하들은 크게 분노하며 홍중희의 음모를 막고자 원나라 조정에 항의했다.

"고려를 없애다니요? 쿠빌라이의 약속을 잊으셨습니까?"

다행히도 충선왕은 원나라를 다스리던 황제와 젊어서부터 잘 아는 사이였다. 원나라에서는 황실의 사위이자 쿠빌라이의 외손자인 충선왕(고려 충렬왕과 원나라 제국 대장 공주 사이에서 태어남)의 말을 받아들였다.

"고려를 없애자는 말을 다시는 들먹이지 마라."

이 일로 홍중희는 벌을 받아 멀리 귀양을 갔다.

만권당에서 많은 학자를 길러 내다

훗날 충선왕은 연경(지금의 베이징)에 머물며 집에 만권당이라는 서재를 만들었다. '만권의 책이 있는 집'이라는 이름에 맞게 원나라 대학자들을 만권당으로 초청해 학문 토론을 벌였다.

그리고 고려에서 젊은 유학자 이제현을 불러 원나라의 대학자들과 사귀게 하고, 만권당에서 공부하게 해 주었다. 이 일이 계기가 되어 이제현은 큰 학자로 성장하고 고려 학문 발전에도 기여했다. 이제현은 공민왕의 개혁 정치에도 참여했는데, 그의 제자 이색은 고려에서 정몽주, 정도전, 권근 같은 뛰어난 인재를 길러 냈다.

반원 정책과 자주독립
국가로 거듭나다

제31대 공민왕, 고려의 국권을 회복하다

반원 정책

고려는 제24대 원종 때부터 제30대 충정왕 때까지 80여 년 동안 원나라의 간섭을 받았다. 원나라 순제는 1351년 10월, 나이가 어리다는 이유로 충정왕을 폐하고 스물두 살인 공민왕을 고려 제31대 왕에 봉했다. 그러나 공민왕은 원나라의 의도와 달리 지배에서 벗어나 자주적인 국가 체제를 확립하고자 했다.

"나는 지난 십 년 동안 원나라에서 살았다. 또 원나라 공주와 결혼했지만 한순간도 내가 고려 사람이란 것을 잊은 적이 없다. 이제부터 호복을 벗고 변발을 하지 않을 것이다."

1351년 12월 원나라에서 돌아온 공민왕은 이듬해 2월부터 개혁을 서둘렀다.

하루는 공민왕이 최영을 불렀다.

"원나라에서 홍건적의 난 때문에 구원병을 요청해 왔소. 장군이 가서 상황을 잘 살펴보고 오시오."

1355년(공민왕 4) 원나라에서 전쟁을 마치고 돌아온 최영은 공민왕에게 이렇게 보고했다.

"원나라는 왕위 다툼과 잦은 반란으로 힘이 약해지고 있습니다."

그즈음 원나라는 새로 일어나는 명나라에 밀리고 있었다. 공민왕은 원나라가 내리막길에 접어들었다고 판단하고 그 틈을 타 친원파를 몰아내고 왕권을 강화하겠다는 계획을 세웠다. 그리고 공민왕 5년에 드디어 반원 개혁이 시작되었다.

"원나라 연호와 관제를 폐지하고 원래대로 복구하라. 원나라가 고려의 정치를 간섭하기 위해 만든 정동행성과 이문소도 폐지하라."

그리고 공민왕은 왕비 노국 대장 공주에게 이런 말을 했다.

"원나라를 멀리한다고 나를 원망하지 마시오."

"염려 마세요. 저는 이미 고려의 왕비이고 폐하의 아내입니다."

"고맙소. 원나라의 지배에서 벗어나지 않으면 고려는 어떠한 개혁도 할 수 없소."

공민왕은 착하고 지혜로운 노국 대장 공주를 꼭 안아 주었다.

개혁의 칼날을 뽑다

공민왕은 이제현과 조익청을 정승에 임명하고 개혁을 서둘렀다.

"왕께서 정방을 폐지하고 과거를 치러서 능력 있는 사람을 직접 골라 쓴답니다."

지방 벼슬아치 밑에서 나랏일을 보던 향리의 자제들은 과거를 통해 관리를 등용한다는 소식을 반겼다. 이렇게 공민왕이 개혁을 추진하는 과정에서 신진 사대부들이 정계로 나아갈 수 있는 기회가 많아졌다. 대부분 지방 향리의 자제로 과거를 통해 중앙 관리로 진출했다. 이들은 공민왕의 개혁 정치에 힘입어 새로운 지배 세력으로 성장했다. 하지만 권문세족(종래의 문벌 귀족 가문)과 충돌을 피할 수 없었고, 권문세족이 인사권을 쥐고 있었기에 관직으로 나아가는 길이 제한되어 있었다. 또한 공민왕은 숭문관 옛터에 성균관을 세우고 공자는 천하 만세의 스승이라며 유학의 발전을 적극 이끌었다.

그런데 고려의 초기 개혁을 이제현이 이끌었다면 후기 개혁을 이끈 사람은 신돈이라는 승려였다. 공민왕은 신돈을 크게 신임하며 나랏일을 의논했다.

"대사, 고려를 다시 개혁하려면 어떤 일부터 해야 하는 게 좋겠소."

"고통에 빠진 백성부터 구해야 합니다. 억울하게 노비가 된 사람이나 땅을 빼앗긴 백성을 돌보는 것이 우선입니다."

"그렇다면 권문세족들이 부당하게 빼앗은 토지와 노비를 본래의 주인에게 돌려주거나 양민으로 해방시키는 특별 기구를 만들라."

공민왕은 신돈과 의논하여 1366년 5월 전민병정도감을 설치했다.

"권문세족이 부당하게 빼앗은 토지를 원래 주인에게 돌려준답니다. 그리고 강제로 노비가 된 사람들은 다시 양민이 될 수 있게 해 준다고 합니다."

거리마다 백성이 뛰쳐나와 만세를 부르며 기뻐했다. 이로써 권문세족의 경제 기반을 약화시키고 국가 재정을 크게 늘리는 계기를 마련했다. 그런데 처음에는 청렴결백했던 신돈은 권력의 맛을 알고 난 뒤부터 점차 타락하기 시작했다. 자기와 뜻이 다른 신하는 누명을 씌워 귀양을 보내고 술과 여자에 빠져들었다. 결국 신돈은 역모를 꾸민 죄로 처형되었다.

반원 정책과 자주독립 국가로 거듭나다

영토를 회복하고 자주 국가를 확립하기 위한 공민왕의 시련

원나라는 곳곳에서 반란이 일어나 고려에 신경을 쓸 겨를이 없었다. 공민왕은 이 틈을 타 명했다.

"기황후를 믿고 왕을 무시하고 방자하게 굴던 기철과 그 무리를 처벌하라."

기황후는 원나라에 공녀로 보내졌다가 원나라 혜종의 비가 된 사람이다. 이렇게 해서 원나라에 빌붙어 권세를 누리던 기철과 그 집안은 모조리 죽임을 당했다.

"본래 화주 북쪽 땅은 고려의 영토이다. 원나라가 빼앗아 간 쌍성총관부를 되찾아야겠다. 쌍성총관부를 공격해 우리 영토를 되찾아라."

1356년 공민왕은 잃었던 철령 북쪽 땅을 되찾았다. 또한 고구려의 옛 땅을 되찾기 위해 요동지방도 공략했다.

"이제 원나라의 간섭에서 벗어나야겠소."

고려는 100여 년 동안 원나라의 식민 지배를 받다가 공민왕 때에야 비로소 자주적인 국가 체제를 만드는 데 힘을 쏟았다. 그런 중에 새로운 문제가 생겼다. 홍건적이 쳐들어온 것이다.

"홍건적은 중국 땅에서 몽골이 세운 원나라를 무너뜨리고 한족의 나라를 세우려는 반란군입니다. 원나라 군대에 밀려 고려로 쳐들어온 듯합니다."

"당장 홍건적을 물리쳐라."

군사를 동원해 홍건적을 물리쳤으나 공민왕의 시련은 끝나지 않았다. 공민왕은 홍건적을 물리치는 데 공을 세운 장수를 눈에 띄게 아꼈는데 김용이라는 자가 이를 몹시 질투하고 있었다.

"왕이 흥왕사에서 잘 때 죽이도록 하라."

그런데 이 일이 발각될 위기에 처하자 김용은 이를 숨기려고 관련된 부하를 모조리 죽여 버렸다. 그러나 이 행동이 더욱 의심을 키웠고 김용은 죄가 드러나 처형당했다.

그리고 원나라에서는 공민왕의 삼촌뻘인 덕흥군을 고려의 새 왕으로 추대하여 쳐들어왔다.

"감히 내 오라버니 기철을 죽였단 말이냐? 당장 덕흥군은 공민왕을 몰아내고 새 왕이 되어라."

이 일은 공민왕이 자신의 오빠를 죽인 데에 복수하고자 기황후가 꾸민 일이었다.

공민왕은 덕흥군과 원나라 군대를 물리쳤고, 그 후 원나라는 더 이상 고려에 간섭하지 못했다. 한족의 반란을 막는 데만도 힘이 부쳤다.

제32대 우왕, 이성계의 반란으로 쫓겨나다

요동 정벌과 위화도 회군

우왕이 즉위할 즈음 명나라의 개국으로 고려의 영토 문제는 새로운 상황을 맞이했다. 명나라는 일방적으로 철령 이북 땅을 자신들의 요동부에 귀속시키겠다고 통보했다. 이렇게 되자 고려에서는 회의가 열렸다. 최영은 요동 땅을 정벌하자고 강력히 주장했다. 철령 북쪽 지역은 본디 고려 영토이니 빼앗긴 땅을 되찾아야 한다는 것이었다. 우왕은 최영을 팔도 도통사에 임명했다.

"조민수와 이성계는 최영 좌우에서 요동 정벌을 돕도록 하라."

그해 5월 군사를 이끌고 나간 이성계와 조민수는 군사 5만 명과 함께 압록강 위화도에 머물렀다. 강물이 불어나 더는 진군할 수 없는 상황이었다. 점차 병사들이 지치기 시작하자 이성계는 우왕에게 회군을 요청하며 명나라와 싸우지 말아야 하는 이유를 네 가지 들었다.

"폐하, 백성은 여진과 왜구의 침입으로 많이 지쳐 있습니다. 첫째, 작은 나라가 큰 나라를 치면 이길 가능성이 없습니다. 둘째, 여름철에 병사를 동원하는 것은 무리입니다. 셋째, 온 나라 군사를 모아 요동 정벌을 가면 그 틈을 타 왜구가 쳐들어올 수 있습니다. 넷째, 장마철이라 아교가 녹아 활이 풀리고, 전염병에 병사들이 희생될 수 있습니다."

하지만 우왕은 최영을 신임했기에 끝내 회군을 허락하지 않았다. 이성계는 우왕의 명령을 따르지 않았다. 결국 이성계는 군사를 돌려 회군했다. 그 소식을 들은 우왕은 최영에게 개경으로 가 반란군을 진압하라고 했다. 하지만 진압군은 패했고 최영은 사로잡혀서 귀양 갔다가 이성계에게 사형되었다. 이성계는 정도전, 남은 등의 신진 사대부를 끌어들여 조정을 손에 쥐고 우왕을 폐위시켜 강화도로 귀양 보냈다.

제34대 공양왕, 고려의 마지막 왕

공양왕은 제20대 왕 신종의 후손인 정원부원군의 아들로 이성계와 정몽주 등이 추대해 마흔다섯 살에 왕이 되었다. 이때 이성계는 정권을 쥐고 문하시중(고려 시대의 최고 관직)에 올라서 조정을 휘두르고 있었다.

"과거 시험에 무과를 새로 만들고 군대의 질을 높이고, 서강에 광흥창과 풍저창, 개성 오부에 의창을 세워 곡식을 비축하라. 또 관리의 직급에 따라 토지를 지급하는 과전법을 실시하여 녹제와 전제를 크게 손질하라."

이는 새로운 세력의 경제 기반을 튼튼히 하는 바탕이 되었다. 하지만 정몽주, 이숭인 등 온건 개혁파의 생각은 달랐다. 고려 왕조를 그대로 유지하면서 차례로 개혁을 실시해 사회에 무리가 없도록 하는 것이 신하의 도리라고 생각했다.

하루는 이성계가 황주에서 사냥을 하다가 말에서 떨어져 등청하지 못한 날이 있었다. 이때 정몽주는 조준, 남은, 정도전, 남재 등의 급진 개혁파를 유배하라고 했다. 그러자 이성계의 다섯째 아들 이방원은 온건 개혁파에게 위기를 느끼고 조영규 등을 시켜 정몽주를 살해했다. 정몽주가 살해되자 온건 개혁파는 모두 유배를 가고 조정은 다시 이성계 파가 장악하게 되었다. 이로써 1392년 7월 정도전, 남은, 조준은 공양왕을 폐위하고 이성계를 왕으로 추대한다고 발표했다.

이듬해 2월 이성계는 국호를 '조선'으로 정하고 새로운 왕조를 열었다. 이로써 고려 왕조는 개국한 지 474년 만에 제34대 공양왕을 끝으로 사라졌다.

전쟁과 용장들

거란의 1차 침입과 말솜씨가 뛰어난 서희

서희는 강직한 서필의 둘째 아들로 태어났다. 광종 11년인 열여덟 살에 갑과에 급제했다. 그 뒤 972년에 송나라 사신으로 가서 10여 년 동안 끊겨 있던 외교를 회복하면서 그 능력을 인정받았다. 그런데 성종 12년에 거란의 소손녕이 80만 대군을 이끌고 고려를 침략했다. 당시 거란은 요나라를 세우고 막강한 힘을 자랑하며 고려와 여진에도 압력을 넣고 있었다.

"옛 고구려 땅을 돌려주지 않으면 고려 땅을 쑥대밭으로 만들겠다."

소손녕은 으름장을 놓으며 봉산성에서 고려군과 첫 전투를 벌였다. 고려 군대와 백성은 용감하게 싸웠으나 봉산성을 내주고 말았다. 봉산성을 무너뜨린 거란군은 공격을 멈추고 고려 조정에 편지를 보냈다.

거란의 80만 대군이 곧 올 것이다.
항복하고 평양 북쪽 옛 고구려 땅을 내놓아라.

"우리 조상이 지켜온 땅을 쉽게 내줄 수 없습니다. 이번에 거란의 요구를 순순히 들어준다면 앞으로 더 많이 요구할 것입니다. 맞서 싸워야 합니다."

서희는 서경 이북 땅을 거란에게 넘겨 주고 국경을 황주에서 절령으로 하자는 신하들의 의견을 반대했다. 고려군의 강력한 저항에 부딪힌 소손녕은 회담을 제의했다. 성종은 그 회담에 응하기로 했다.

"누가 소손녕을 만나 협상하겠나?"

"제가 가겠습니다."

서희는 거란군 적지로 향했다. 국서를 가지고 서희가 도착하자 소손녕은 뜰에서 절을 하라고 거만하게 말했다.

"뜰에서 절하는 것은 신하가 임금을 대할 때만 있는 일이니, 양국의 대신끼리 만나는 자리에서 그런 일은 있을 수 없다."

서희는 단호하게 거절했다. 당당함에 놀란 소손녕은 결국 당상에서 대등하게 협상했다. 소손녕이 먼저 말문을 열었다.

"원래 고려는 신라 땅에서 일어난 나라니, 고구려의 옛 땅은 거란의 것이 아니겠소? 게다가 국경을 마주하고 있는 요나라를 섬기지 않고 왜 바다 건너 송나라를 섬기는 것이오? 지금이라도 송나라와 관계를 끊고 옛 고구려 땅을 내놓으면 이대로 물러나겠소."

서희는 침착하게 지지 않고 말했다.

"그대는 잘못 알고 있소. 고려는 고구려를 이어서 세운 나라요. 나라 이름만 보아도 고구려를 계승하는 나라라는 뜻으로 '고려'라고 한 것이오. 또한 나라의 영토를 따진다면 당신 나라의 서울인 요양도 원래 고구려의 땅, 우리 땅이었소. 압록강변도 우리 땅인데 여진이 멋대로 들어와 살고 있는 것이오. 게다가 우리는 얼마든지 사신을 보낼 수 있소."

소손녕은 서희에게 자신들이 어떻게 하면 되는지 물었다.

"거란과 고려 사이에 여진이 끼어 있어 우리가 거란에 가는 것은 바다 건너 송나라에 가는 것보다 어렵소. 우선 압록강 부근에서 여진을 몰아내시오. 그 땅을 우리에게 돌려줘 길이 통하도록 해 주어야 당신 나라와 외교를 할 것 아니오."

서희의 말은 소손녕의 마음을 움직였고 담판은 서희가 원하는 대로 이루어졌다. 결국 소손녕은 군사를 이끌고 돌아갔다. 성종은 크게 기뻐하며 예성강까지 서희를 마중 나갔다.

"장하오! 마침내 거란에서 압록강과 청천강 사이 땅을 고려 영토로 인정했소."

"폐하, 이 기회에 서경 북쪽 땅에 성을 쌓는 것이 좋겠습니다."

성종은 서희의 계획대로 압록강과 청천강 사이의 국경 지대에 여러 성을 쌓았다. 이 지역에 살던 여진도 북쪽으로 쫓아냈다.

목숨을 걸고 거란의 2차 침입을 막은 양규

당시 고려에서는 강조가 제7대 목종을 몰아내고 현종을 왕위에 올리는 사건이 일어났다.

"폐하, 고려 왕송(목종)이 왕위에서 쫓겨나고 어린아이가 왕이 되었다고 합니다."

1010년 동여진의 사신은 거란에 고려 왕실의 근황을 전했다.

"뭐라고? 왕송은 거란을 섬기던 왕이거늘 대체 어떤 놈이 왕송을 내쫓았다는 말이냐? 이 역적의 무리를 그냥 둘 수가 없다."

1010년 5월, 거란 왕은 고려 조정에 강조를 거란으로 보내라는 통보를 해 왔다. 고려는 이를 받아들이지 않았다. 화가 난 거란 왕은 군사 40만 명을 이끌고 직접 고려로 들어갔다. 993년에도 이런 일이 있었는데 당시 거란은 80만 대군을 이끌고 고려에 1차 침입을 시도했었다. 그러다 서희와 담판이 있은 뒤 강동6주를 내주고 물러났으나 11월에 2차 침입을 시도했다. 거란군은 압록강을 건너 홍화진에 가장 먼저 도착했다. 홍화진 도순검사 양규는 성을 지키는 데 빈틈이 없었다. 거란 왕은 편지를 화살에 묶어 고려군에게 쏘아 보냈다.

　"그대들의 전왕 왕송이 우리 거란을 섬긴 지 오래인데, 역적 강조가 왕을 죽이고 어린아이를 왕위에 올려 내가 부대를 이끌고 국경을 넘어 왔다. 강조를 붙잡아 오면 즉시 군사를 돌릴 것이나 그렇지 않다면 개경은 곧 쑥대밭이 될 것이다."

　양규는 단호하게 거란의 요구를 거부했다.

　"고려군은 우리 기마병인 거란을 당할 수 없다. 항복하라."

　양규와 고려군은 꿈적도 하지 않았다. 그리고 거란에서 군사 20만 명을 이끌고 통주로 출동하자 강조도 군사를 이끌고 그들과 맞섰다. 결국 강조는 야율분노가 이끄는 거란군 별동대의 기습을 받고 포로가 되어 거란 왕에게 끌려갔다.

　"거란의 신하가 되겠다고 맹세하면 목숨은 살려주겠다."

강조는 입술을 깨물며 대답했다.

"나는 고려 사람이니 거란의 신하가 될 수 없다."

강조의 목을 벤 거란군은 다시 흥화진으로 향했다. 거란은 강조의 편지를 가짜로 꾸며서 양규에게 항복을 권했다.

"우리는 왕의 명령을 받고 이곳에 왔으니 강조가 내린 항복 지시는 받아들일 수 없다."

양규는 통주에 이어 곽주까지 무너졌다는 소식에도 겁을 내지 않았다.

"자, 별동대 칠백 명을 이끌고 곽주로 진격한다. 모두 목숨을 걸고 싸워라."

양규의 군대는 가는 곳마다 거란군을 물리쳤다. 한편 조정에서는 거란에 항복하자는 신하가 늘어났다.

"폐하, 거란군이 서경을 무너뜨리고 개경으로 향한답니다. 그만 항복하고 왕실을 보전하소서."

그러자 강감찬이 나서서 말했다.

"항복은 안 됩니다."

현종은 강감찬의 말을 따라 남쪽으로 피난을 떠났다. 경기도 광주로, 다시 공주를 거쳐 노령산맥을 넘어 나주로 피신하는 현종에게 기쁜 소식이 들려왔다. 양규의 활약으로 거란군의 기세가 꺾였다는 소식이었다. 양규는 김숙흥의 군사와 병력을 합쳐 거란군 선봉대를 기습하여 큰 승리를 거두었으나, 개경에서 거란 왕이 몰고 온 대군과 싸우다가 전사하고 말았다.

고려까지 먼 길을 온 데다 계속되는 전쟁에 지친 거란군은 1011년 정월, 퇴각하기로 결정했다. 피난 생활을 마치고 개경에 돌아온 현종은 신하들에게 말했다.

"거란에 맞설 힘을 기르는 데 최선을 다하라. 짐이 다시 개경으로 돌아온 것은 용맹하고 기개가 뛰어난 양규 장군 덕이다. 고려를 위기에서 구하고 장렬히 전사한 양규에게 공부상서직을 내리고 상을 주어라. 양규의 부인 홍씨에게는 해마다 쌀 백 석을 내리고 봉작(왕이 신하에게 내리는 직위)을 주어라. 그리고 양규의 아들 양대춘에게 교서랑이라는 벼슬을 내려라."

거란의 3차 침입과 강감찬의 귀주 대첩

거란은 해마다 사신을 보내 고려 왕이 직접 가서 인사하는 친조를 요구했다. 만약 이를 지키기 어렵다면 강동6주를 우선 거란에게 돌려주라고 요구했다.

"절대 저들의 요구를 들어주어서는 안 됩니다."

강감찬은 단호했다.

그런데 1018년 12월 거란은 소배압을 선봉장으로 10만 대군을 이끌고 고려를 공격해 왔다. 거란의 3차 침입이었다. 현종은 강감찬에게 군사를 내주며 거란과 맞서게 했다.

"장수들은 들어라. 쌀을 단 한 톨도 남겨 놓지 마라. 어디든 모든 식량을 성안으로 옮기고 백성도 성안으로 피난시켜라."

강동6주 가운데 하나인 홍화진에 진을 치고 강감찬은 한 가지 꾀를 냈다.

"홍화진 동쪽에 있는 삼교천 강을 이용한다. 을지문덕 장군이 살수에서 강을 막아 그 물을 터뜨려 승리한 적이 있다. 강민첨 장군은 즉시 산골에 군사를 숨기고 장수 몇 명을 보내 삼교천 상류를 쇠가죽으로 막게 하라."

잠시 후 거란군이 홍화진으로 몰려왔다. 거란군은 강물이 얕은 것을 보고 안심하고 삼교천을 건너기 시작했다. 그런데 거란군이 강 한가운데 이르렀을 때였다.

"쇠가죽을 터뜨려라."

강물은 산더미 만하게 밀려 내려오며 순식간에 거란군을 휩쓸어 버렸다. 거란군은 물살에 허둥대다가 고려군의 창칼에 죽었다. 고려의 대승리였다.

"우리가 강감찬의 꾀에 속았다. 빨리 개경을 점령해서 고려 왕의 항복을 받자."

소배압은 남은 군사를 이끌고 개경으로 갔다. 하지만 이 계획을 알아차린 강감찬은 즉시 김종현에게 명령했다.

"군사 일만 명을 이끌고 어서 개경으로 가시오."

거란의 군사들은 사기가 떨어져 있었다. 고려군이 미리 우물을 메우고 식량을 성 안으로 모두 옮겼기에 배도 고파 몹시 지친 상태였다. 소배압은 뒤늦게 깨달았다.

"아, 강감찬의 꾀에 또 당했구나. 거란의 위신이 땅에 떨어졌도다."

결국 소배압은 후퇴할 것을 명령했다. 강감찬은 거란군이 도망치는 길목마다 군사를 숨겨 놓았다가 공격을 퍼부었다.

"고려 병사들이여, 거란군이 곧 귀주에 이를 것이다. 거란군은 많이 지쳐 있다. 다시는 고려를 넘보지 못하도록 목숨을 바쳐 싸워라."

강감찬은 마치 성난 사자 같았다. 사기가 하늘을 찌르는 고려 군사들은 도망가는 거란 군사들을 뒤쫓았다. 귀주 벌판은 거란군의 시체로 뒤덮였다. 귀주에서 소배압의 군사 6만 명 중 살아서 돌아간 군사는 단 3000명이었다. 강감찬은 일흔 두 살의 나이에 귀주 대첩에서 대승했다.

여진을 정벌하고 9성을 쌓은 윤관

1104년 1월, 숙종 9년의 일이었다.

"폐하, 동북쪽 국경으로 여진이 침범했습니다."

"여진이라면 말갈족 아니더냐? 그들이 그리 강해졌단 말이냐?"

"여진 지도자 영가가 흩어져 있던 말갈족을 모아 금나라를 세우고, 아들 오아속이 우리 고려를 넘보고 있습니다."

숙종은 여진을 막기 위해 임간 장군을 출정시켰다. 임간은 여진을 만만하게 보고 진군했다. 여진의 우두머리 오아속은 임간의 그런 생각을 꿰뚫고 있었다.

"고려군은 우리를 예전 말갈족으로 알고 얕보고 있다. 그들을 유인해 기습하면 이길 수 있다."

고려군이 다가가자 여진 군사들은 슬슬 물러났다.

"공격하라, 여진이 우리 고려군을 무서워하며 도망치고 있다."

숲 속으로 고려군을 끌어들인 오아속은 군사를 향해 소리쳤다.

"고려군은 손안에 든 쥐가 되었다. 역습하라. 고려군은 보병뿐이다."

여진의 기마병들에게 고려군은 꼼짝 못하고 당하고 말았다. 조정은 발칵 뒤집혔다.

"뭐라, 여진에게 임간 장군이 패하고 성까지 빼앗겼다고? 여진이 백성을 약탈하고 있다니 당장 윤관 장군을 불러라."

숙종은 윤관에게 출정 명령을 내렸다. 윤관은 우선 사신을 통해 오아속에게 편지를 보냈다. 오아속은 답신을 보내 왔다.

"고려는 여진을 야만족으로 취급하고 있다. 고려가 여진을 이웃 나라와 동등하게 대해 주면 군사를 돌려 돌아가겠다."

윤관은 오아속의 요구를 들어주고 여진을 돌려보냈다. 그러나 윤관은 걱정이 사라지지 않아 숙종에게 아뢰었다.

"폐하, 여진은 말을 잘 타는 민족입니다. 그들의 군사는 주로 기병인데 고려는 보병이 대부분이니 어찌 싸움에서 이길 수 있겠습니까? 저들에게 맞서려면 기병을 길러야 합니다."

숙종도 윤관의 말이 옳다고 생각했다.

"그 일을 맡길 테니 강한 군대를 만들어 보라."

윤관은 말을 탈 줄 아는 병사들을 뽑아 신기군을 만들고, 스무 살이 넘은 젊은이 중에 과거 공부를 하지 않는 사람들을 뽑아 보병 군대인 신보군을 만들었다. 또한 승려로 이루어진 군대를 만들어 항마군이라 했는데 신기군과 신보군, 항마군을 모두 일컬어 별무반이라 불렀다. 그렇게 만든 별무반을 훈련시키는 사이 숙종이 세상을 떠났다. 1107년 예종이 즉위한 지 2년이 되는 해였다.

"폐하, 여진이 또 국경에 침입했습니다. 이참에 아예 여진을 정벌하는 것이 좋을 듯합니다."

윤관은 별무반을 비롯한 대군을 이끌고 정벌에 나섰다. 여진은 갑작스러운 고려의 공격에 패하고 말았다. 윤관은 여진의 근거지를 빼앗은 자리에 9개의 성을 쌓았다. 함주, 영주, 웅주, 길주, 복주, 공험진, 동태진, 진양진 등 두만강 북쪽에서 그 아래인 함경도 일대였다. 윤관은 그곳에 백성을 옮겨 살게 했다.

"장군, 이곳을 우리 땅으로 하는 것은 좋으나 오래 지킬 수 있을지 의문이오."

백성이 9성에 이주하는 것을 반대하는 장수들이 있었다. 여진도 고려에 사신을 보내 9성을 돌려달라고 부탁했다.

"다시는 고려에 침입하지 않을 것이며 조공을 바치겠다고 굳게 약속하니 어찌하면 좋겠소. 경들의 의견을 듣고 싶소."

예종은 신하들에게 의견을 구했다.

"돌려주는 것이 좋겠습니다. 9성이 멀리 떨어져 있어 지키기도 어렵습니다."

9성을 돌려주자는 의견이 모아지자 조정에서는 여진 정벌을 하느라 국력을 낭비한 꼴이 되었다며, 윤관을 비난하는 목소리가 쏟아졌다. 윤관은 벼슬을 내놓고 고향으로 돌아가야 했다. 훗날 예종이 다시 불러 문하시중으로 삼으려 했으나 거절하고 책 속에 파묻혀 지냈다.

몽골과의 전쟁

최충헌이 권력을 잡은 지 20여 년쯤 되었을 때 몽골에서는 큰 변화가 일어나고 있었다. 테무친이 몽골을 통일하고 궁골 제국의 1대 왕 칭기즈 칸이 되어 금나라를 공격한 것이다. 이 기회를 틈타 거란이 들고 일어나자 몽골은 거란을 공격했고, 전쟁에서 진 거란은 고려 쪽으로 도망쳤다. 이렇게 제23대 고종 때는 거란의 침입이 잦았다. 1219년에는 김취려 장군이 고려군을 이끌고 몽골과 함께 거란을 공격해 항복을 받았다. 그 뒤 몽골은 거란을 물리친 것을 내세워 고려와 수교를 맺고 조공을 강요했다.

그런데 고종 12년(1225), 고려에 왔던 몽골의 사신 저고여가 귀국하는 길에 살해당했다. 몽골은 이 사건을 핑계 삼아 고종 18년(1231)에 다시 쳐들어왔다.

"감히 몽골(용감한 전사의 나라란 뜻으로 스스로 칭함)의 사신을 죽여? 가만두지 않겠다!"

"폐하! 몽고(야만스럽고 무지몽매한 사람이란 뜻) 장수 살리타의 대군이 이미 의주와 철주를 지나 계속 내려오고 있다 하옵니다."

살리타는 박서와 김경손이 지키던 귀주성을 함락시키지 못하자 개경부터 포위했다. 고려는 어쩔 수 없이 몽골에 금은보화를 바치고 화의 조약을 맺었다. 그리고 말과 비단, 처녀까지 바쳐야 했다. 살리타는 이때 다루가치라는 몽골 관리 일흔두 명을 두고 돌아갔는데, 이들은 고려 정치에 일일이 간섭했다. 이를 벗어나고 싶었던 고려 조정은 몽골이 수전에 약하다는 최우의 건의를 받아들여 강화도로 천도를 결정했다. 이듬해인 1232년, 살리타는 다시 군사를 이끌고 고려에 쳐들어왔다.

"고려 조정이 우리의 침략에 대비해 강화도로 천도했다니 유감이다."

몽골이 다시 침략해 오자 백성의 원성이 높아졌다. 그때 수원 처인성에서 승려 김윤후가 나서서 백성을 설득했다.

승려 김윤후의 지휘 아래 처인성 백성은 똘똘 뭉쳐서 몽골군에 맞섰다. 결국 그 전투에서 살리타는 숨을 거두었고 몽골군은 우왕좌왕하다가 물러갔다.

"살리타의 죽음에 복수를 하라."

고종 22년(1235)에 몽골은 제3차 침입을 했다. 이때부터 5년 동안 몽골은 고려 백성을 잔인하게 죽이고 국토를 무참히 짓밟았다. 해가 바뀌어도 몽골은 물러날 생각을 하지 않았다. 조정에서는 현종 대왕 때처럼 부처의 힘으로 외적을 물리쳐 달라는 뜻에서 《대장경》을 새기기로 뜻을 모았다.

한편 몽골군은 1238년에 경주까지 내려가 황룡사에 불을 질렀다. 이때 신라 삼보 가운데 하나인 황룡사 9층 목탑이 불타 사라지고 말았다. 결국 고종 26년(1239)에 몽골과 강화(화해하기로 한 국가 간 조약)를 맺었다.

"고려 왕이 직접 몽골에 와 조공을 바치시오."

그런데 고려가 약속을 지키지 않자 고종 34년(1247)에 네 번째 침입을 해 왔다. 그 뒤 고종 40년(1253)에 몽골은 개경으로 환도할 것을 요구하며 제5차 침입을 했다.

"이번에는 꼭 고려 왕을 강화도에서 끌어내야 한다."

몽골은 충주까지 밀고 내려왔다. 이때 대부분이 큰 피해를 입자 고종은 육지로 나가 몽골 사신을 맞이했다. 그제서야 몽골은 고려에서 철수했다.

"강화산성을 허물고 어서 환도하시오."

그런데 고려가 약속을 지키지 않자 몽골은 고종 41년(1254)에 제6차 침입을 했다. 고종은 직접 몽골에 가 조공과 환도를 약속했다. 그후 몽골은 고려에서 철수했다. 그런데 그 뒤에도 고려 조정에서 아무 움직임이 없자 몽골은 고종 44년(1257)에 제7차 침입을 해 왔다.

한편, 그해 최항이 죽고 아들 최의가 권력을 잡았으나 이듬해 유경, 김준 등에게 목숨을 잃었다. 60여 년째 내려온 최씨 정권은 비로소 막을 내렸다. 전쟁은 결국 고종 46년(1259), 태자가 몽골에 볼모로 가게 되면서 끝이 났다. 고려가 40여 년 동안 몽골에 대항할 수 있었던 것은 농민, 천민, 노비, 산적까지 힘을 보탰기 때문이었다. 귀주, 처인, 충주 같은 곳에서 몽골을 물리칠 수 있었던 것 또한 백성 덕분이었다.

처인성과 충주성을 지킨 김윤후

처인성 전투

1232년 처인성 주변 사람들은 몽골군이 쳐들어온다는 소식에 겁에 질려 웅성거렸다. 그때 근처 백현원이라는 절에 있는 승려들이 마을 사람들을 돕기 위해 달려왔다.

"우리가 뭉치면 몽골이 함부로 넘보지 못할 것입니다. 처인성을 함께 지켜냅시다."

그가 바로 김윤후였다.

"처인성은 다른 성보다 낮고 흙으로 쌓은 성이라 방어하는 데 불리합니다. 그런데 몽골 군대는 전투를 하다가 대장이 죽으면 후퇴한다고 들었습니다. 우리가 이기는 방법은 무조건 몽골 대장 살리타의 가슴에 활을 쏘는 것입니다. 숨기 좋은 곳을 봐 두었으니 활을 쏠 줄 아는 사람은 나를 도와주시오."

몽골 군대는 네 개 부대로 나눠 두 개 부대는 고려의 왕이 피난 중인 강화도 근처 김포로 진군하고, 한 개 부대는 강화도와 개경 사이에, 또 한 개 부대는 살리타가 직접 이끌고 처인성으로 진군했다.

"생각보다 작은 성이군. 내가 직접 가서 살펴보겠다."

"장군, 직접 가는 것은 위험합니다."

"천하의 몽골 장수가 저런 작은 성을 겁내서야 말이 되는가?"

처인성 쪽으로 다가오는 살리타를 매복하며 기다린 김윤후와 의병들은 화살을 오직 살리타의 가슴을 향해서만 날렸다.

"살리타 장군이 쓰러졌다."

김윤후의 작전은 성공했다. 처인성에서 몽골군은 후퇴했다. 살리타가 죽었다는 소식을 들은 다른 지역의 몽골 군대도 사기가 떨어졌다. 고려 땅 곳곳을 약탈하던 몽골군은 후퇴했다. 강화도로 피신 간 고종은 김윤후에게 상장군이란 벼슬을 내리고자 했다. 하지만 김윤후는 사양하며 이렇게 말했다.

"용감히 싸운 처인성 백성에게 상을 내려주십시오."

김윤후는 상장군보다 3계급 낮은 섭랑장 벼슬을 받았다.

충주성 전투

1253년 몽골은 고려 조정에, 개경으로 돌아와 항복하라며 5차 침략을 해 왔다. 연이은 몽골의 침략으로 백성의 고통은 이루 말할 수 없었

다. 처인성 전투보다 더 어려운 순간이 김윤후와 충주 백성에게 다가왔다. 당시 김윤후는 충주성을 지키는 방호별감이라는 벼슬을 맡고 있었다.

"몽골군이 경상도로 넘어가려면 충주성을 거쳐야 한다. 그러니 반드시 이곳을 막아야 한다."

성이 포위된 지 70일이 지났다. 식량이 떨어지고 충주성 사람들도 점점 싸울 의지를 잃어갔다.

"여기서 포기할 수 없다! 노비 문서를 가져와 불태워라."

이 일은 지친 백성에게 큰 힘이 되었다. 충주성의 사기는 다시 하늘을 찔렀다. 몽골군이 대규모 공격을 퍼부었으나 충주성 백성의 사기를 당할 수 없었다. 결국 몽골군은 후퇴했다.

"와아, 김윤후 만세! 고려 만세!"

왕을 만난 자리에서 김윤후는 충주성 백성의 공을 보고해 그들과 한 약속을 지켰다.

배중손과 삼별초, 몽골에 끝까지 저항하다

원종이 개경으로 환도한 뒤에도 삼별초는 끝까지 강화도에 남아 몽골과 항쟁했다. 몽골의 영향 아래 있던 원종은 삼별초가 반란을 일으킬까 두려워 해산시키고 싶어 했다.

"왕은 이제 우리를 버릴 생각일까?"

삼별초에 소속된 군사들은 웅성거렸다.

"왕이 개경으로 수도를 다시 옮긴 것은 몽골에 항복한 것이나 다름없다. 우리는 고려가 몽골의 지배를 받는 것을 인정할 수 없다. 우리 삼별초가 몽골에 맞서 싸우자."

삼별초의 장군 배중손은 군사를 모아 놓고 외쳤다. 군사들은 일제히 함성을 지르며 당장 육지로 달려갈 기세였다. 삼별초는 난을 일으킨 지 3일 만에 배 1000여 척을 끌고 진도로 향했다.

"자, 우리가 나라를 구하자!"

진도에 닿은 삼별초는 산성을 쌓아 몽골의 침입에 대비하고 전라도 해안까지 손에 넣었다. 한편 원종은 반란군을 진압하기 위해 군대를 보냈다. 그러나 진압군은 삼별초의 기세에 힘없이 무너졌다. 삼별초는 진압군을 무너뜨리고 나주에 이어 전주까지 진출했다.

삼별초를 응원하는 사람들도 많았다. 밀양과 청도 농민들은 삼별초의 반란을 지지해 그들도 봉기했다. 개경 노비들은 몽골의 다루가치와 고려 관리를 죽이려는 계획까지 세웠다.

"김방경 장군은 몽골군과 함께 진도를 공격해 반란군을 물리쳐라!"

원종 12년(1271), 김방경이 군사를 이끌고 홍다구가 이끄는 몽골군과 연합해 진도를 총공격했다. 배중손과 삼별초는 용감하게 싸웠으나 몽골군을 당할 수 없었다. 수많은 화살을 맞은 배중손은 끝내 쓰러졌다.

'아, 고려의 혼이 여기서 끊기고 마는가.'

배중손의 죽음과 함께 진도는 무너졌다. 김통정은 삼별초를 이끌고 탐라로 가 대몽 항쟁을 계속했다. 그리고 이즈음 몽골은 국호를 원으로 정했다. 원종 14년(1273)에 여원 연합군 1만 명이 탐라를 공격했고, 김통정이 패해 삼별초의 난은 진압되었다. 고려인의 자주정신을 보여 준 삼별초의 난은 이렇게 3년 만에 끝났다.

내부 반란을 진압한 최영 장군

원의 반란군과 홍건적을 물리치다

1352년 공민왕 때, 조일신은 원나라에서 왕을 모신 공을 내세워 제멋대로 정치에 간섭하고 횡포를 일삼았다. 그러더니 나중에는 난을 일으켜 조정을 자기 손에 넣으려 했다.

"역적 조일신은 내 칼을 받아라!"

최영은 조일신을 벌한 공을 인정받아 1352년(공민왕 1년)에 왕의 경호

원인 호군이 되고, 1354년 정3품인 대 호군이 되었다. 이 무렵 원나라 순제는 향락과 사치에 빠져 있었다. 이로 인해 나라의 힘이 기울고 한족이 곳곳에서 반란을 일으켰다. 이를 진압하기 위해 원나라 승상 탈탈은 순제를 통해 고려에 원병을 요청했다. 고려는 최영을 보냈다.

"고려의 파병군은 용맹함이 범과 같다. 최영의 칼 한 번에 수십 명의 목이 달아난다."

최영이 파병되었다는 소식은 반란군 진영에도 전해졌다.

"한꺼번에 달려들면 제아무리 최영이라도 방법이 없을 것이다. 돌격하라!"

모여 있던 반란군은 한꺼번에 고려군을 공격했다. 그러나 최영은 적진을 누비며 승리했다. 그리고 전쟁에서 돌아와 원나라의 힘이 기울고 있음을 공민왕에게 전했다. 이를 들은 공민왕은 반원 정책과 개혁 정치를 펼치기 시작했다.

1359년, 공민왕 8년째가 되는 12월이었다.

"머리에 붉은 수건을 두른 오랑캐가 나타나 국경을 넘었습니다."

원나라의 힘이 기울자 북중국에서 세력을 떨치며 일어난 한산동을 두목으로 그의 아들 한임아가 이끄는 도당들이 고려 국경을 침범했다. 그들을 단번에 물리치고 국경을 지킨 것도 최영의 군대였다. 고려에 복수를 하려고 벼르던 홍건적은 2년 뒤 공민왕 10년(1361년)에 다시 10만

대군을 이끌고 쳐들어왔다.

"이대로 개경에 있다가는 위험합니다. 어서 몸을 피해야 합니다."

공민왕은 복주(지금의 안동)로 피난 가고 남으로 밀린 고려군은 부대를 정비하고 칼의 명수 최영과 궁술에 뛰어난 이성계가 선봉에 나섰다. 두 장수가 이끄는 고려군의 기세에 홍건적이 물러나 개경을 되찾았다. 이때 최영의 나이는 마흔여섯 살이었고 이성계는 스물일곱 살이었다. 홍건적을 물리친 공으로 최영은 훈 1등에 올라 조정에 초상이 붙고, 최고의 영예인 도형벽상공신이 되었다.

반란군을 진압하다

최영은 왜구와 홍건적 등 외부의 적은 물론 내부 반란군을 진압하는 데도 공을 세웠다. 고려에서 왜구들의 침략에 대비하고 있을 때 1363년 김용이 행궁을 습격하는 역모가 일어났다. 최영은 이들을 진압하는 데도 성공했다. 왕은 밖으로는 수차례 외침을 막고 안으로는 역모를 진압한 최영에게 판밀직사(지금의 국방부 장관)를 내렸다.

1364년에 최유가 충선왕의 셋째 아들 덕흥군을 왕위에 올리고 북경을 넘어 의주로 침입하는 난이 일어났다. 최영은 이성계와 함께 반역의 무리를 무찌르고 덕흥군을 사로잡아 사직을 바로잡는 데 공을 세웠다. 그리고 간사한 신돈은 권력을 잡은 뒤 강직한 최영을 눈엣가시처럼 생각해서 최영의 벼슬을 낮추기도 했다. 1365년 신돈의 모함으로 벼슬을 빼앗겼던 최영은 1371년 문하찬성사에 다시 기용되었다.

공민왕 23년(1374년)에는 탐라에서 말의 공출 명령을 어긴 난이 일어나 최영이 반란을 진압하고 있었다. 이때 공민왕이 환관 최만생에게 암살되는 사건이 일어났다.

홍산 전투

우왕이 왕위에 오른 뒤 왜구의 침략은 날이 갈수록 더해갔다. 최영이 나서며 왕에게 아뢰었다.

"신이 군사를 이끌고 왜구를 물리칠 수 있게 해 주십시오."

"경은 나이가 너무 많지 않습니까? 이제 쉴 때도 되었지요."

우왕은 최영을 말렸지만 그의 고집을 꺾을 수 없었다. 최영은 늙은 몸을 이끌고 전쟁터로 향했다. 왜구가 쏜 화살이 최영의 입술에 박혔다. 최영은 아무렇지 않은 듯 왜적에게 활시위를 당겼다. 그 화살을 맞고 왜적은 쓰러졌다. 그제야 최영은 자신의 입술에 박힌 화살을 뽑았다. 그 모습을 지켜보던 고려 군사의 사기는 치솟았고 크게 승리했다.

"청렴한 최영 장군 만세! 용감한 최영 장군 만세!"

백성은 거리마다 나와 최영의 승리를 축하했다.

최영의 유언과 붉은 무덤

중국에서 새로운 강국으로 떠오른 명나라는 고려에 철령 이북 땅을 달라고 요구했다. 이때 최영의 나이는 일흔 두 살이었다. 최영은 자신이 너무 늙었기에 이성계에게 군사를 이끌고 요동 정벌에 나서도록 명했다. 하지만 요동으로 향하던 이성계는 여러 가지 이유를 들어 개경으로 되돌아가겠다는 연락을 보냈다.

"백성은 여진과 왜구의 침입으로 많이 지쳐 있습니다. 첫째, 작은 나라가 큰 나라를 치면 이길 가능성이 없습니다. 둘째, 여름철에 병사를 동원하는 것은 무리입니다. 셋째, 온 나라 군사를 모아 요동 정벌을 가면 그 틈을 타 왜구가 쳐들어올 수 있습니다. 넷째, 장마철이라 아교가 녹아 활이 풀리고, 전염병에 병사들이 희생될 수 있습니다. 요동 정벌을 거두어 주십시오."

그러나 이 보고는 요동의 상황을 제대로 전하지 않은 보고였다. 명나라는 모든 군사를 동원해 원나라를 공격하고 있었기에 요동은 텅 비어 있었다. 옛 고구려 땅을 되찾을 수 있는 좋은 기회였다. 하지만 이성계는 압록강 부근 위화도에서 말머리를 돌려 거경 궁궐로 쳐들어왔다. 조정을 장악한 이성계는 최영을 역적으로 몰아 귀양 보내고 참형에 처했다.

"내게 정말 잘못이 있다면 내 무덤에 풀이 무성하게 자랄 것이고, 내

게 잘못이 없다면 내 무덤에는 풀이 한 포기 나지 않을 것이다."

　과연 최영의 말대로 그의 무덤에는 풀이 한 포기도 나지 않았다. 사람들은 최영의 무덤을 붉은 무덤이라 불렀다.

고려를 발전시킨 신하들

재치와 풍자로 왕을 바르게 보필한 서필

서필은 뒷날 거란과 담판을 벌여 강동 6주를 찾아온 서희의 아버지다. 광종은 과거 제도 덕분에 왕권을 강화하는 데 성공하자 신하들의 집을 빼앗아 귀화한 사람들에게 나누어 주는 등 귀화인들을 지나치게 대접했다.

서필은 광종의 귀화인 중용 정책에 반대했는데 사치를 하지 않는 검소한 사람으로 몇 번에 걸쳐 왕에게 경계하는 말을 올렸다.

"폐하, 신의 집을 바치고자 하니 받아 주소서."

"갑자기 그대의 집을 바치다니 무슨 말인가?"

"지금 귀화인이 벼슬을 뜻대로 얻고 집도 골라서 차지하니 신하들은 살 곳을 잃었습니다. 신은 녹봉에 여유가 있으니 작은 집을 짓고 살면 되니, 제 집을 빼앗기기 전에 미리 바치고자 합니다."

광종은 평소 신임했던 서필이 이런 말을 하자 처음에는 화가 났지만 진심이 담긴 충고임을 곧 느꼈다. 그 후 광종은 신하의 집을 빼앗지 않았다.

그런데 어느 날 자신의 말이 죽었다는 소식에 광종은 크게 노했다. 당장 마구간 책임자를 죽이라는 명을 내렸다. 이때도 서필은 간곡히 왕에게 아뢰었다.

"공자는 마구간에 불이 났을 때 말이 무사한지 묻지 않고 사람이 상하지 않았는지를 먼저 염려했습니다. 말에게 아무리 정이 들었어도 어찌 사람에 비하겠습니까? 마구간의 책임자를 벌하는 것을 거두어 주십시오."

광종은 말을 잃은 슬픔이 컸지만 서필의 말을 듣고 마구간 책임자를 용서했다.

최승로의 시무 28조

원봉성에 들어가 공부하다

최승로는 어릴 때부터 총명하여 학문을 좋아하고 문장이 뛰어났다. 열두 살에 이미 왕건 앞에서 《논어》를 읽을 정도였다.

"과연 총명함이 대단하다. 말안장과 쌀 스무 섬을 상으로 내리겠다. 그리고 원봉성(왕이 훈계하거나 알릴 내용을 적은 글이나 문서인 칙서를 맡아 보던 관청)에 들어가 계속 공부를 하라."

최승로는 원봉성에서 열심히 책을 읽고 공부해 유학에 대한 지식이 깊어졌다.

"유학에 바탕을 둔 새로운 정치를 하고 싶다. 언젠가는 왕을 도와 정치를 하겠다."

최승로는 꿈을 키우고 있었다.

다섯 왕의 업적을 평가하다

광종은 주로 귀화인들을 중심으로 개혁을 단행했기에 신라 육두품 출신인 최승로는 주요 관직에 오르기가 쉽지 않았다. 그런데 981년 성종이 즉위하자 최승로의 위상이 갑자기 높아졌다. 모든 관리에게 시무와 관련한 상소를 올릴 것을 명했기 때문이다.

"왕의 덕은 신하의 도움에 달려 있다. 5품 이상 되는 관리들은 글을 올려 정치에 대한 좋은 점과 나쁜 점을 숨김없이 이야기해 짐이 좋은 정치를 펴는 데 도움이 되게 하라."

이때 종2품으로 있던 최승로는 장문의 시무책을 올렸다. 그 중에는 고려 제1대 왕 태조부터 제5대 왕 경종까지 다섯 왕의 업적을 평가하는 글이 있었다.

"선왕들이 남긴 업적을 보면 본받을 것과 버려야 할 것, 경계해야 할 것들이 보입니다. 마땅히 좋은 것은 택해 따라야 하며, 좋지 않은 것은 버려 교훈으로 삼으면 어진 왕으로 오래 기억될 것입니다."

그리고 태조 왕건에 대해 역사에 길이 남을 왕이라고 칭송했다.

"태조는 백성을 사랑해 전쟁 중에도 백성이 피를 흘리지 않도록 애를 썼습니다. 사람의 재능을 잘 알아보고 알맞은 일을 맡겼으며 다른 사람의 말을 잘 들었습니다. 궁궐은 낮게 짓고 옷은 사치하지 않았습니다. 정종은 풍수도참설(땅의 생김새와 방향을 중요시하는 풍수설과 미래를 내다보는 도참설을 합친 이론)을 너무 믿어 백성에게 힘든 공사를 시켜 원망을 샀습니다. 경종은 정치를 게을리 하고 간사한 말과 정직한 말을 구별하지 못했습니다. 다른 사람의 말이나 행동은 자신의 마음을 닦는 데 도움이 됩니다."

이 글은 성종이 덕을 베푸는 정치를 하는 데 많은 영향을 주었다.

시무 28조

최승로는 982년 성종에게 임금이 나라를 다스리는 데 지켜야 할 스물여덟 가지를 적어 올렸다. 이는 그동안 여러 임금을 섬기면서 얻은 교훈을 바탕으로 작성한 것이었다. 잘못된 정책과 이를 고칠 수 있는 방법을 적었는데 이것을 시무책이라고 했다. 그중 몇 가지이다.

임금은 교만하지 말고 신하들을 대할 때 공손히 대해야 한다.

호족이 백성을 자주 괴롭히니 지방에 벼슬아치를 보내 백성을 보호해야 한다.

관리의 의복과 백성의 의복을 구분해야 한다.

임금과 신하, 부모와 자식 사이에 지녀야 할 도리는 중국의 것을 따르며, 의복 같은 것은 우리 풍속에 맞게 적절히 조화시켜야 한다.

백성의 부담이 크기 때문에 연등회, 팔관회 같은 불교 행사를 삼가야 한다.

절을 함부로 짓지 못하게 막아 부역을 줄여야 한다.

유교를 나라를 다스리는 근본 원리로 삼아야 한다.

신분의 구별을 뚜렷이 해서 신분이 낮은 사람이 신분이 높은 사람을 깔보지 못하게 막아야 한다.

이외에도 최승로는 북쪽 국경선 확정과 방어책에 관하여 말하고, 불교의 해로운 점에 대해서도 말했다. 또한 사회 문제와 중국과의 관계에 대해서도 말했다. 최승로의 시무 28조를 근거로 고려 사회는 또 한 번 개혁을 시도했다.

9재 학당을 세운 동방의 해동 공자 최충

최충은 스물두 살에 과거에 급제해 덕종 때 중추원에서 궁궐 예식을 담당하며 나랏일을 의논하고 왕의 명령을 발표하는 일을 했다. 후에는 서북면 병마사가 되어 국경 지대에 경비 초소를 세우고 여진의 침입에 대비했다. 그리고 문종 때는 시중(지금의 국무총리)이 되었는데, 도병마사(군사 기밀과 중요한 일을 의논하는 중앙회의 기구)의 일도 함께 맡았다.

최충이 일흔 살이 되어 벼슬에서 물러나길 청하자 문종은 그에게 안석(앉아서 기대는 방석)과 지팡이를 주며 말렸다. 늙어서 힘이 들어 그런 것이라면 안석에 기대고 지팡이를 짚고서라도 국사를 보라는 뜻이었다. 하지만 결국 문종은 최충이 벼슬에서 물러나는 것을 허락하며 이렇게 말했다.

"모든 백성의 존경을 받는 어진 신하를 얻는 것은 기쁜 일이다. 벼슬에서 물러나더라도 나랏일에 도움을 주길 바란다."

문종은 나랏일을 결정할 때마다 최충의 의견을 들었다. 당시 고려는 거란과 여진이 자주 공격해서 나라를 지키는 데 힘을 쏟느라 인재를 양성하거나 교육하는 일에 소홀했다. 그렇다 보니 국자감은 과거를 보기 위해 공부하는 곳으로 변해 갔다.

'나라가 발전하려면 인재와 교육이 필요하다. 인격이 부족한 사람이 나랏일을 보면 나라가 위태로워진다.'

최충은 사립 학교인 9재 학당을 만들었다. 인격을 다듬고 덕망을 쌓으며 배움을 즐기도록 가르쳤다. 시를 짓는 시합을 하여 우수한 시는 벽에 붙여 보게 했다. 과거를 보려는 사람들은 최충의 학당을 거쳤다. 최충의 9재 학당을 시작으로 다른 이들도 학당을 11개나 세워 사학 12도가 되었다. 사학 12도는 고려의 유교 발전에 크게 기여했다.

여든다섯 살로 최충이 죽자 문종은 '문헌공'이라는 시호를 내렸다. 그리고 우리나라 최초의 사립 학교를 세운 최충의 공을 기려, 고려의 공자라는 뜻으로 '해동공자'라 불렀다.

천태종의 창시자 대각국사 의천

불교를 공부하는 데 힘쓰다

어려서부터 총명하고 불심이 깊었던 의천은 제11대 문종의 넷째 아들로 태어났다. 열한 살에 머리를 깎고 영통사에 머무르며 불교 경전과 학문을 열심히 공부해, 승려가 된 지 2년 만에 최고의 법계를 받았다. 의천은 《화엄경》을 모두 깨우쳤으며, 학문을 좋아해 유학은 물론 《역사(청나라 역사책)》와 제자백가들의 사상까지 공부했다. 당시에는 불경을 공부해서 깨달음을 얻는 교종과, 좌선을 통해 깨달음을 얻어야 한다는 선종이 대립하고 있었다.

"우리 불교는 언제까지 교종과 선종으로 나뉘어 다퉈야 하는가?"

'교종과 선종을 하나로 합치자. 경전도 중요하고 좌선도 중요하다. 그래야 발전할 수 있다.'

의천은 왕과 어머니에게 편지를 남긴 뒤 송나라 유학길에 올라 여러 승려를 만나 부처의 가르침을 공부했다. 특히 천태종의 교리를 열심히 배웠다.

속장경을 편찬하다

1086년, 의천은 어머니의 간절한 부탁으로 귀국길에 올랐다. 많은 책을 가지고 고려에 돌아온 의천은 문종이 지은 흥왕사 주지가 되어 불교의 원리를 전했다. 의천은 왕에게 청해 흥왕사에 교장도감을 두어 불경을 정리하고 바로잡았다. 이렇게 해서 완성된 것이 《속장경》이다.

의천은 흥왕사에서 9년 동안 《속장경》을 경판에 새기는 업적을 남겼다. 그리고 《속장경》은 이후 고종이 《팔만대장경》을 만들 때 중요한 자료가 되었다.

천태종을 만들다

의천은 1099년 교종과 선종, 두 종파의 화합을 이루고자 천태종을 만들었다. 천태종은 중국에서 발전한 불교의 한 갈래로 《법화경》을 근본 경전으로 한다. 《법화경》이란 시나 비유적인 표현으로 부처의 가르침을 칭송한 불경이다.

의천은 어머니 인예 태후의 원찰(죽은 사람의 명복을 빌던 법당)인 국청사에 주지로 있으며 처음으로 천태종을 가르쳤다. 천태종이 우리나라에 처음 들어온 것은 신라 36대 혜공왕 때였는데 하나의 종파로 자리 잡지 못했다. 그런데 의천에 의해 비로소 자리 잡게 되었다.

의천은 불교 종파가 하나로 뜻을 모으고, 왕권을 강화하고 국론을 통합하는 데 크게 기여했다. 병에 걸려서도 경전 읽는 일을 멈추지 않았는데, 의천이 위독하다는 소식을 들은 숙종이 찾아오자 이렇게 말

했다.

"왕께서는 정성으로 부처님의 가르침에 따르십시오. 그러면 죽어도 여한이 없습니다."

'크게 깨달은 나라의 스승'이란 뜻이 담긴 대각국사는 왕이 내린 시호이다.

김부식과 《삼국사기》

묘청의 난을 진압한 김부식은 그 공으로 문하시중에 올랐다. 그리고 20여 년 동안 문필에 관한 일을 맡아보면서 학문을 닦았다. 특히 예종과 인종에게 역사를 강의하는 일을 했다.

인종이 왕위에 오른 뒤 김부식은 학문에만 열중했고, 박승중, 정극영 등과 《예종실록》을 편찬했다. 그리고 이자겸이 유배된 뒤에는 정치적 능력을 인정받아 정2품 중서문하 평장사에 올랐다. 인종은 깊은 시름에 잠겼다.

'묘청의 반란 이후 왕권이 땅에 떨어졌구나.'

인종은 김부식을 불렀다.

"요즘 학자와 관리들은 중국의 유교 경전과 역사는 잘 알아도 우리 역사는 알지 못하니 매우 안타깝다."

인종은 김부식에게 젊은 관료 여덟 명을 보내 《삼국사기》를 편찬하라고 명했다.

"이자겸의 난 이후 많은 사료가 불탔으니 역사를 다시 정리하여 왕실의 권위를 높이고 신하의 자세를 확립하고자 하노라."

김부식의 생각도 인종과 같았다.

"과거의 역사를 정리하여 고려의 위상을 높여야 합니다. 그러면 왕실의 위엄을 다시 세울 수 있을 것입니다."

김부식은 역사에 관한 자료를 수집하고 정리했다. 삼국의 역사, 즉 신라와 통일신라만이 아니라 고구려와 백제까지 '우리'라고 하면서 같은 동족이라고 표현했다. 김부식을 비롯해 사기를 편찬하는 데 참여한 사람들이 유학자들이어서 《삼국사기》에는 유학의 시각이 담겨 있었다. 왕명을 받은 후 5년 만에 김부식은 총 50권의 《삼국사기》를 완성했다. 인종이 죽기 두 달 전인 1145년 12월에 완성되었다.

고려 시대의 대문장가, 이규보

칠현을 거절하다

"꽃은 웃는데 소리가 들리지 않고, 새는 우는데 눈물은 보기 어렵네."

이규보는 글을 잘 짓기로 유명해 아홉 살 때부터 신동이라는 소리를 들었다. 열네 살 때에는 문헌공도(고려 시대 교육 기관)에 입학했다. 당시 뛰어난 선비라고 말하는 일곱 명이 있었다. 이인로, 오세재, 임춘, 조통, 황보항, 함순, 이담지였다. 그들은 스스로 이렇게 말했다.

"우리 동인의 이름을 일곱 명의 어진 선비라는 뜻으로 칠현이라 하면 어떻겠는가."

칠현은 함께 모여서 술을 마시고 시를 읊으며 교류했다. 칠현의 자부심은 대단했는데 그중 오세재가 세상을 떠났다.

"무인 정권에 아부하지 않고 벼슬길에 나아가지 않던 오세재가 우리 곁을 떠났네. 그러니 오세재가 평소 친구처럼 아끼던 이규보를 칠현에 가입하는 게 어떻겠는가?"

오세재는 이규보보다 서른 살이나 많았지만 이규보의 실력과 사람됨을 아꼈다. 여섯 명의 선비는 이규보를 찾아왔다.

"오세재가 떠난 자리에 들어와 칠현으로 활동하지 않겠는가?"

"칠현이 무슨 벼슬자리라고 새로 보충합니까? 중국의 칠현도 빈자리를 채워 넣는다는 말은 들어본 적 없소."

그들은 웃으며 이규보에게 시를 지어 보라고 했다. 이규보는 시 한 구절을 읊었다.

알 수 없구나,
칠현 가운데 누가 가장 뛰어난지.

선비들은 시를 듣고 그대로 돌아갔다.

시대를 잘못 타고나다

하루는 명종이 변장을 하고 어느 시골집을 지나갈 때 대문에 적힌 글자를 보았다.

유아무와인생지한(有我無蛙人生之恨)

"나는 있으나 개구리가 없는 게 인생의 한이라니 무슨 뜻인지 궁금하구나."

명종은 그 집에서 하룻밤을 묵기를 청하고 주인에게 물었다.

"옛날 까마귀가 꾀꼬리에게 노래 시합을 청했습니다. 두루미가 심판이었지요. 꾀꼬리는 열심히 노래 연습을 하는데 까마귀는 노래 연습은 하지 않고 개구리만 잡으러 다녔습니다. 그런데 노래 시합 때 개구리 뇌물을 받은 두루미는 까마귀가 이겼다고 판결을 내렸지요."

"그 이야기를 왜 대문에 걸어 두었습니까?"

"나라의 과거 시험도 이런 게 아닐까 하는 생각이 들었습니다. 실력이 아무리 뛰어나도 명문 가문이 아니거나 돈이 없으면 떨어지는 사람이 많으니까요."

이야기를 들은 명종은 집주인에게 당부하듯 달했다.

"며칠 후 임시 과거가 있다는 말을 들었는데 꼭 응시해 보시오. 도전하면 길이 열릴 것입니다."

명종이 이날 만난 사람이 바로 이규보였다. 명종의 당부대로 이규보는 과거를 치러 합격했다. 그러나 한동안 벼슬자리를 얻을 수 없었다. 문신들이 무신들의 눈치를 보던 무신 정권 시기였기에 쉽게 기회가 오지 않았다. 그런데 경주에 반란이 일어나 군사를 보내려 할 때였다.

"군사와 함께 보낼 수제(글을 잘 지어 반란군의 마음을 돌리도록 하는 벼슬자리)를 뽑아야 한다. 누가 가겠는가?"

목숨을 잃을까 봐 선뜻 나서는 이가 없었다.

"나라에 어려운 일이 있을 때 피하는 것은 대장부가 아니지요. 제가

가겠습니다."

 이규보는 병마녹사 겸 수제가 되어 싸움터로 나갔다. 그리고 조정에 들어와서는 외교 문서 작성을 도맡아 했다. 그런데 이규보는 최충헌과 그의 아들 최우가 권력을 쥐고 있던 무신 정권에 협력하여 여러 관직을 거친 후 정2품인 문하시랑평장사를 지냈다. 이규보의 문장이 얼마나 뛰어났던지 원나라 황제마저도 이규보가 쓴 외교 문서를 보고 감탄했다고 한다.

"이제는 물러나 조용히 책이나 읽고 글이나 쓰며 지내고 싶습니다."

 예순 아홉 살에 이규보는 왕에게 은퇴를 청했다. 고려의 이름난 문장가였던 이규보는 말년에 천마산에 들어가 시를 짓고 거문고를 타고 술을 즐기며 자신을 백운거사라 불렀다. 이규보는 《동국이상국집》《국선생전》《백운소설》 같은 뛰어난 작품을 많이 남겼다. 특히 천마산에서 쓴 《동명왕편》은 고구려를 세운 주몽의 탄생에 얽힌 이야기이며, 주몽의 아들 유리왕의 이야기를 엮은 서사시이다.

《삼국유사》를 펴내 민족의식을 높인 일연

일연, 《팔만대장경》에 참여하다

일연이 서른한 살이 되던 해 몽골군이 고려에 쳐들어왔다. 난리를 피하기 위해 일연은 문수보살의 오자주(다섯 글자 주문)를 외우며 빌었다. 그러자 꿈에 문수보살이 나타나 방법을 일러 주었다.

"무주에 있다가 다음 해 여름에 다시 이 산 묘문암에 머물러라. 그러면 난리를 피할 방법을 알 수 있을 것이다."

하루는 남해에 내려와 있던 정안이란 사람이 일연을 찾아왔다.

"저는 은퇴한 사람으로 불경을 공부하고 싶습니다. 제 집을 절로 만들어 '정림사'라 이름 붙였습니다. 스님께서 정림사에 머물며 저를 이끌어 주십시오."

일연은 이곳에 머물며 《팔만대장경》 작업에 약 3년 동안 참여했다.

국존이 되다

일연은 원종의 부름을 받고 강화도 선월사에 머물며 부처님의 가르침을 설법했다. 나라에서는 선종과 교종의 학덕이 높은 승려 백여 명을 개경으로 초청해 법회를 베풀었는데 이 행사를 일연에게 맡겼다. 그곳에 모인 사람들은 일연의 설법과 강연을 듣고 감동했다. 이렇게 사람들의 존경을 받은 일연은 국존(온 나라가 존경하는 스승)이 되어 '원경충조'라는 호를 받았다.

《삼국유사》를 편찬하다

일연은 충렬왕의 명령에 따라 청도 운문사에 머물며 불교를 일으키는 데 집중했다. 그런데 고려와 몽골 연합군이 일본을 공격하려 출발할 때였다. 충렬왕은 군사를 격려하려고 경주로 내려가면서 일연을 함께 데려갔다. 그때 일연은 몽골의 침략으로 불탄 황룡사를 보게 되었다. 현종 때 만든 《대장경》도 잿더미가 되어 버린 소식을 들었다.

"고려 왕이 몽골의 사위가 되고 고려가 원의 지배를 받게 된 것이 마음 아프다."

설법을 마친 일연은 나라를 걱정했다.

'고통 받는 백성을 위로하고 그 힘을 한 곳으로 모을 방법이 없을까?'

일연은 《삼국사기》를 꺼내들고 생각했다.

"이 책은 지배층 중심으로 쓴 데다 재미있는 이야기도 없다. 내가 그동안 세상을 다니며 모은 각 지방마다 내려오는 특이한 이야기와 백성이 즐겨 부르던 노래, 입에서 입으로만 전해 오던 신비한 사건들과 풍속을 기록으로 남겨 보자."

일연은 《삼국사기》에 〈단군 신화〉를 다루지 않은 것도 문제라고 생각했다.

"원나라의 지배를 받는 이때에 백성에게 용기를 주고 모두가 단군의 후손이라는 것을 잊지 않도록 민족성을 높여야 한다. 우리 민족의 정신을 되살려 백성에게 힘을 주자."

일연은 1281년 청도 운문사에서 《삼국유사》를 썼다. 5권 9편 144항목으로 이루어졌다. 여든네 살에 세상을 뜬 뒤 제자 무극이 1310년에 처음으로 목판본으로 간행했다.

고려 처녀들을 공녀의 공포에서 벗어나게 한 이곡

젊은 선비의 분노

원나라는 고려 나랏일에 간섭하면서 고려 왕을 원나라 공주와 결혼시켰다. 그렇게 함으로써 고려의 정치, 경제, 군사를 손아귀에 넣고 마음대로 했다. 왕자가 태어나면 원나라에서 교육시킨 뒤 고려로 돌려보내 왕이 되게 했다. 그리고 마음에 들지 않으면 자기들 마음대로 왕을 갈아치울 정도로 원나라의 힘이 커져 있었다.

그런데 과거 시험을 보러 온 이곡이란 열아홉 살 난 청년이 개경 거리를 산책하다가 여자 울음소리를 들었다.

"어머니, 살려 주세요."

"아이고 내 딸아, 네가 무슨 죄가 있다고 공녀가 된단 말이냐? 금이야 옥이야 키운 딸입니다. 저 어린 것을 머나먼 땅 낯선 곳으로 어찌 보냅니까? 제발 살려 주십시오."

울며 사정하는 모녀에게 군사가 말했다.

"우리도 어쩔 수 없소. 원나라 사신이 고려 처녀 오십 명을 채워 오지 않으면 우리 목숨도 무사하지 못할 거라고 위협했소."

그를 본 이곡은 하늘을 우러러보며 한탄했다.

"나라의 힘이 약해서 당하는 설움과 고통이 분하고 슬프도다."

몽골 군대는 고려와 30년 동안 전쟁하면서 50만 명이 넘는 포로를 끌고 갔다. 사막에서 생활한 몽골 여인들보다 고려 여인들이 아름답고 성격도 순하다며 아내로, 혹은 첩으로 삼는 사람이 늘었다. 그러자 원나라는 공녀 제도를 만들어 고려 처녀를 노골적으로 요구했다. 고려에서는 결혼도감이라는 관청에서 공녀를 뽑아 원나라에 보냈다. 고려 땅에는 딸을 빼앗긴 어머니의 통곡과 떠나는 딸의 애통한 울음소리가 바다를 이루었다.

이곡은 이런 비참한 처지를 받아들이기 힘들었다. 그를 본 친구가 이곡에게 말했다.

"요즘엔 원나라 높은 벼슬아치에게 딸을 시집보내 더 큰 부귀와 권력을 얻으려는 사람도 있다네. 원나라에 아부하는 사람이 출세하는 세상 아니던가. 아무튼 공녀 제도를 없애는 방법은 원 황제가 공녀 제도를 그만두라 하는 것밖에 없다네."

원나라 황제의 마음을 움직인 이곡의 상소문

열여섯 살에 왕이 된 충혜왕은 나랏일은 뒤로 하고 놀고 즐기는 데만 정신이 팔려 있었다. 이곡은 고려에서는 뜻을 펼 수가 없다고 생각

하고 원나라로 갔다. 1332년 서른네 살에 이곡은 원나라 과거에 장원으로 합격해 예문관에서 왕의 이름으로 발표하는 문서를 짓는 일을 하게 되었다. 드디어 공녀 제도를 없애는 데 한발 다가간 것이었다. 원나라 사람들은 평소 고려 사람을 깔보았는데 문장을 잘 짓는 이곡만큼은 존경했다.

1335년, 이곡은 풍속을 바로잡고 잘못을 저지른 관리를 조사하는 어사대라는 원나라 관청을 찾아갔다.

"황제에게 공녀 제도를 없애 달라는 상소문을 올려 주십시오."

"그런 상소문을 올렸다가는 날벼락을 맞을 수도 있어 안 되겠소."

"벼슬에서 쫓겨나더라도 내가 직접 상소문을 쓰리다. 내가 다 책임지겠습니다."

황제의 마음을 움직이려고 이곡은 온 마음을 다해 상소문을 썼다. 그리고 이곡이 올린 상소문은 정말 황제의 마음을 움직였다. 황제의 기분을 건드리지 않으면서 공녀 문제의 심각성을 알리는 설득력이 있는 글이었다. 황제는 원래 고려에 애정이 있었다. 고려에서 공녀로 간 기황후를 끔찍이 아끼고 있었다.

"앞으로는 고려에서 공녀를 데려오는 일을 중단하라!"

공녀 제도가 중단되면서 고려 처녀들은 마음을 놓을 수 있었다. 이 제도는 14세기 중반 공민왕이 원나라 지배에서 벗어나려는 운동을 펼치면서 돈으로 공녀를 사 가는 제도까지 완전히 사라졌다.

1344년에 고려로 돌아온 이곡은 고려 왕조의 역사책을 썼다. 이곡이 쓴 시와 문장은 《가정집》이란 문집에 실려 전한다.

성리학을 발전시킨 이제현

만권당에서 공부하다

공민왕이 개혁 정치를 추진한 것은 이제현이라는 뛰어난 신하 덕분이었다. 이제현은 《역옹패설》《익재난고》 같은 책을 쓴 이름난 학자이다. 열다섯 살에 과거에 급제해 유교 《경서(유교 사상과 원리를 적은 책)》를 토론하는 곳에 다니며 유학을 열심히 공부했다.

1314년(충숙왕 1년)에는 이제현의 글재주를 눈여겨본 상왕 충선왕의 부름을 받아 원나라 도읍인 연경에 방문했다. 이제현은 충선왕이 연경에 세운 만권당에 머무르며 조맹부, 원명선 같은 뛰어난 중국 학자들과 학문을 교류했다. 또 이제현은 충선왕을 대신해 제사를 지내기 위해 서촉 아미산에 세 달 동안이나 다녀오기도 했고, 3년 뒤에는 왕을 따라 절강성 보타사에 가 향을 피우기도 했다. 아미산과 보타사는 중국 사람들이 불교의 성지로 여기는 곳이었다. 성리학을 배운 이들은 모두 불교를 멀리했지만 이제현은 그렇지 않았다. 불교도 마음을 닦는 데 도움이 된다고 생각하고 좋지 않은 점이 있다면 고쳐 나가는 것이 옳다고 여겼다.

고려를 지키기 위한 노력

제27대 충숙왕 때 몇 사람이 원나라에 들어가 심왕인고를 왕으로 세우려는 음모를 꾸몄다. 고려를 원나라의 한 성으로 만들어 합치자는 속셈이었다. 이는 몇몇 부원배(원나라에 붙어 고려에 나쁜 짓을 하던 사람)의 어리석은 생각이었다. 이에 이제현은 원나라에 글을 보내 잘못된 것임을 알렸다.

"원나라 세조는 신하된 나라의 고유한 문화와 제도를 그대로 인정하여 세상을 안정시키고자 했다. 그런데 이제 와 새삼스럽게 고려를 원나라의 한 지역으로 만들려고 관청을 세우는 것은 원래의 뜻에 어긋난 일이다."

아울러 원나라의 도리에 대해서도 적었다.

"끊어진 왕통을 잇고 보살피며 어려운 문제를 풀어주는 것이 대국의 도리이다. 이유 없이 한 나라의 400년 왕업을 끊어 버리려는 것은 도리가 아니다."

편지 마지막에 이제현은 다음처럼 쓰고 고려의 독립을 지키기 위해 노력했다.

나라는 그 나라대로, 사람은 그 사람대로 자기 일을 하면서 원나라를 지키는 울타리로 삼아 복을 누리는 것이 좋을 것이다.

충선왕을 구하다

충선왕은 원나라 무종이 황제에 오르게 돕고, 그 뒤에는 인종을 도와 반란을 잠재워 두 황제의 사랑을 받았다. 그런데 인종과 사이가 멀어져 충선왕은 멀리 토번(티베트)으로 귀양 가게 되었다. 충선왕이 귀양 간다는 소식을 들은 이제현은 원나라의 낭중이란 벼슬을 하는 사람에게 편지를 보냈다.

"고려와 원이 관계를 맺은 지 백여 년이 된다. 원나라 태조 때는 서로 힘을 합쳐 적을 무찔렀다. 충선왕을 풀어주고 고려에 돌려보내도록 황제께 잘 말해 달라. 다른 이를 돕는 당신의 마음을 모두 칭찬할 것이며 고려에서도 은혜에 보답할 것이다."

승상 백주에게도 같은 편지를 보낸 결과 충선왕은 감숙성 도스마(지금의 간쑤 성 임조 지역)로 옮기게 되었다.

백성을 위해 목화씨를 들여온 문익점

원나라 땅에서 유배 생활을 한 고려 사신

문익점은 1360년, 서른한 살이 되던 해 문과에 급제해 벼슬길에 나아갔다. 그로부터 3년 뒤 서른네 살 때에는 서장관이 되어 원나라에

갔다. 당시 원나라에서 벼슬을 하던 최유가 충선왕의 셋째 왕자인 덕흥군을 고려 왕으로 세우려는 역모를 하다가 실패로 끝났다. 이 사건에 문익점이 휘말리면서 중국 남쪽 운남성(지금의 윈난 성)에서 귀양살이를 했다.

하루는 문익점이 들판을 지날 때였다. 농부들이 하얀 솜덩이를 따서 자루에 담고 있었다. 문익점은 농부에게 다가가 그것이 무엇인지 물었다.

"당신은 목화도 모른단 말이오?"

"대체 어디에 쓰는 것이오?"

"실을 뽑아 옷을 만드는 풀이라오."

문익점이 목화를 만져 보니 보드랍고 포근했다. 문득 한겨울에도 바람이 술술 들어오는 삼베옷을 입고 추위에 덜덜 떠는 고려 백성이 떠올랐다.

"이 목화씨를 조금 팔 수 있을까요?"

"이걸 조금 사서 뭣하려고요?"

"우리나라에 가져가서 심고 싶어서 그럽니다."

"다른 나라 사람에게는 팔지 못하게 법으로 금지되었소. 몰래 가져가다 들키면 큰 벌을 받는다오. 아예 가져갈 생각은 꿈에도 하지 마시오."

문익점은 하는 수 없이 발길을 돌렸다. 그리고 며칠이 지난 어느 날 밤이었다. 글을 쓰다가 좀 쉬려고 붓을 놓았는데, 그때 붓의 촉을 끼워 두는 붓두껍이 눈에 들어왔다.

'여기에 목화씨를 넣어 가면 되겠다.'

1363년 문익점은 그렇게 유배에서 돌아오는 길에 목화씨 열 개를 가지고 왔다. 고향에 도착한 문익점은 자신이 다섯 개를 심고 나머지 다섯 개는 장인인 정천익에게 주고 심게 했다.

"참으로 귀한 것을 가져왔네. 어렵게 가져온 것이니 잘 가꾸어 보세."

씨아와 물레를 만들다

우연히 원나라 승려 홍원이 지나다가 목화밭을 발견하고 문익점을 찾아왔다. 문익점과 정천익은 정성껏 홍원을 대접하며 물었다.

"스님, 목화 농사는 풍년입니다. 그런데 문제는 무명옷을 지어 입으려면 실을 뽑는 기술을 알아야 하는데 도무지 알 길이 없습니다. 혹시 고향에서 그런 기계를 본 적이 있습니까?"

정천익은 홍원과 씨아를 만들었다. 씨아는 목화에서 목화씨를 쉽게 빼낼 수 있는 도구였다. 씨아에 이어 솜을 타는 도구인 활을 만드는 데도 성공했다. 그런데 실을 뽑는 물레가 문제였다. 몇 번을 만들어 보아

도 잘 되지 않았다. 하지만 결국 정천익은 물레를 만드는 데 성공했고, 홍원은 목화 실로 베를 짜는 방법도 가르쳐 주었다. 정천익의 집에는 유난히 손재주가 좋은 여종이 있었다. 정천익은 그 여종에게 베를 짜는 방법을 가르쳤고 마침내 무명을 짤 수 있게 되었다. 그 천이 바로 우리나라 최초의 무명이다.

화약과 화포를 만든 최무선

화약 만드는 일에 뛰어든 최무선

당시 명나라는 주변 나라를 공격할 때 화약을 이용했다. 공민왕은 명나라 황제에게 화약을 지원해 달라고 했으나 거절당했다.

"우리 명나라에는 고려에 줄 화약이 없다."

최무선은 이런 현실에 답답함을 느껴 직접 화약 만드는 법을 알아내고 말겠다고 생각했다. 그즈음은 왜구가 무리를 지어 고성과 거제 등지에 자주 침입해 백성이 불안에 떨 때였다.

'화약이 있으면 왜구나 오랑캐를 막아 나라를 지킬 수 있을 것이다.'

최무선은 자기 돈으로 화약 원료인 숯과 유황을 구입해 연구를 시작했다. 염초를 만드는 방법과 숯과 유황 염초를 섞는 비율을 알아내는 데 온갖 노력을 다했다.

"염초의 비밀을 아는 사람을 찾아야겠다."

최무선은 명나라 사람이 자주 드나드는 압록강변의 의주와 예성강 부근의 벽란도를 자주 오가며 화약 만드는 사람을 찾아다녔다. 하루는 화약을 만드는 이원이라는 명나라 기술자가 개성에 온다는 소식이 들려왔다.

'이번에 꼭 화약 만드는 법을 배워야겠다.'

최무선은 이원을 자신의 집으로 모셔 극진하게 대접했다.

"도와주시오. 지금 고려 해안 곳곳마다 왜구가 나타나 죄 없는 백성을 괴롭히고 있소. 왜구를 막는 데 화약이 절대적으로 필요하오."

이원은 최무선의 집념과 정성에 마음을 열고 염초 만드는 법을 적어 주었다. 최무선은 이원이 가르쳐 준 방식대로 염초를 만들고 유황과 숯가루를 반죽해 심지를 꽂았다. 그리고 심지에 불을 붙이자 타들어 가더니 쾅 하고 폭발해 땅에 커다란 웅덩이가 파였다. 성공이었다.

화통도감을 설치하라

"최무선이 왜구를 막을 화약을 시험한다고 하니 가서 봅시다."

"폐하, 화포 개발이 시급합니다. 화포만 있다면 왜구가 배를 수백 척 몰고 온다 해도 간단하게 물리칠 수 있습니다."

1377년 우왕이 화통도감을 설치하도록 했다. 화통도감은 화약을 원료로 하는 군사 무기를 만드는 기구로 최무선의 건의로 만들었다. 최무선은 화약을 만들고 관리하는 관청의 최고 책임자가 되었다. 당시 고려를 이끄는 장수는 최영이었다. 최영은 최무선에게 지시했다.

"고려군과 왜군이 바다에서 맞붙는 경우 배에 화포를 설치해서 쏠 수 있는 장치도 개발하게."

최무선은 화포를 만드는 일에도 힘썼다.

1380년 왜구들은 닥치는 대로 사람을 죽이고 마을에 불을 지르며 곡식과 값진 물건을 가져갔다. 최무선이 만든 화포는 큰 위력을 가지고 있었다. 순식간에 왜구의 배가 불에 타고 가라앉았다.

"하늘에서 불이 날아온다."

화포 소리에 놀란 왜구들은 도망가기 바빴다.

"후퇴하라."

짧은 시간에 큰 피해를 당한 왜구 장수는 소리쳤다. 부원수 최무선의 마음은 통쾌했다.

"우리가 이겼소. 최 부원수가 고생하며 만든 화약과 화포 덕분이오."

도원수 심덕부가 최무선을 칭찬했다. 그는 1389년 자신이 평생 연구해 온 화약 만드는 기술과 화포에 대한 책을 썼다.

고려 왕조를 향한 일편단심, 정몽주

스승의 시신을 거두다

공민왕은 여러 장수에게 홍건적을 물리치도록 했다. 고려 장수들은 용감하게 싸워 홍건적을 물리쳤다. 그런데 김용이라는 사람이 그 공을 시기해 장수들을 역적으로 몰아 죽게 했다. 그 장수들 가운데 정몽주의 스승 김득배가 있었다. 정몽주는 스승의 억울한 죽음을 그대로 볼 수 없었다. 그런데 김용의 보복이 두려워 아무도 김득배의 장례를 치르지 못했다. 이때 정몽주는 공민왕에게 청했다.

"스승의 시신을 제가 거둘 수 있게 해 주십시오."

"그대의 용기와 곧은 마음씨에 감탄하여 허락하노라."

정몽주는 김득배의 장례를 정성껏 치렀다.

명나라에 사신으로 가다

공민왕의 뒤를 이어 우가 왕위에 오르자, 우를 왕위에 올린 이인임이 큰 권력을 쥐게 되었다. 이인임은 새로이 일어나는 명나라는 멀리하고 기울어가는 원나라를 가까이 했다. 정몽주는 이를 안타깝게 여기다가 우왕에게 상소문을 올렸다.

"명나라를 버리고 원나라와 다시 친교를 맺는다는 것은 강한 것을 버리고 약한 것을 추구하는 것입니다."

우왕도 정몽주의 말이 옳다고 생각했지만 자신을 왕위에 오르게 한 이인임의 눈치를 살폈다.

"정몽주는 강자에게만 마음을 두며 국가 간의 의리를 배반하는 자입니다."

결국 정몽주는 이인임의 모함으로 귀양을 가게 되었다.

우왕 10년, 고려는 명나라 황제 생일에 사신을 보내야 했다. 고려가 원나라와 가깝게 지내자 명나라에서는 고려에서 오는 사신들을 모두 잡아 가두었기에 다들 명나라에 가기를 꺼려했다. 평소 정몽주를 미워하던 이인임은 정몽주를 추천했다. 하지만 명나라 황제는 학식이 높았던 정몽주를 기억하고 있었다. 정몽주를 잘 대접한 뒤 지금껏 가두었던 고려 사신들을 모두 풀어 주었다.

고려에 절개를 지키다

강해진 명나라는 고려에 무리한 요구를 했다. 철령 이북의 땅이 명나라 땅이니 달라는 것이었다. 고려는 요동(황해의 북쪽)정벌을 위해 이성계를 파견했다. 하지만 이성계는 위화도에서 군사를 돌려 우왕을 폐위시키고 그의 아들 창왕을 왕으로 세웠다. 얼마 후 창왕이 자신을 죽이려 한다는 것을 안 뒤에는 창왕을 몰아내고 창왕의 먼 친척인 공양왕을 왕위에 앉혔다. 그런데 이성계를 따르는 사람이 늘어나자 조준, 남은, 정도전 등은 이성계를 왕으로 추대할 계획을 세웠다.

이 사실을 안 정몽주는 그들을 없애려고 했다.

"이성계가 해주에서 사냥하다 말에서 떨어져 크게 다쳤다고 합니다."

"이성계와 가까운 조준부터 제거하자."

정몽주는 역성 혁명파의 핵심 세력인 정도전, 남은, 조준 등과 그들의 측근 윤소종, 남재, 조박 등을 탄핵하여 유배시켰다. 이성계의 아들 이방원(조선 제3대 태종)이 벽란도에 있는 이성계에게 달려갔다. 이성계는 곧 가마를 타고 개경으로 돌아왔다.

"정몽주부터 처리해야 합니다. 그는 아버님께서 뜻을 펴는 데 가장 큰 걸림돌입니다."

"정몽주는 오랜 친구다. 그를 설득할 때까지 기다려라."

결국 이성계를 대신해 이방원이 대책을 세우기로 했다.

'정몽주는 워낙 존경을 받는 사람이니 함부로 죽일 수도 없고 우선 술자리를 마련해 마음을 돌려보자.'

하루는 정몽주가 이성계 집에 병문안을 갔다. 이성계는 아들 이방원을 시켜 정몽주의 마음을 돌려보라고 했다. 어색한 분위기에 술을 따르던 이방원이 먼저 입을 열었다.

"새로운 역사를 같이 써 보는 건 어떠십니까?"

그러자 정몽주는 술을 마시다 말고 답했다.

"신하된 도리로서 두 임금을 섬길 수는 없는 노릇이오."

술잔이 돌고 돌다가 이방원은 슬쩍 〈하여가〉란 시조를 읊었다.

> 이런들 어떠하리 저런들 어떠하리
> 만수산 드렁칡이 얽혀진들 어떠하리.
> 우리도 이같이 얽혀 백 년까지 살리.

그러자 취기가 오른 정몽주가 〈단심가〉란 시조를 읊었다.

> 이 몸이 죽고 죽어 일백 번 고쳐 죽어
> 백골이 진토되어 넋이라도 있고 없고,
> 임 향한 일편단심이야 가실 줄 있으랴.

이방원은 쓴 미소를 지으며 술잔을 비웠다. 정몽주는 자리에서 일어나 집으로 향했다. 그리고 돌아오는 길에 자신의 운명을 예감했다.

"이젠 목숨이 다한 것 같구나. 오백 년 고려 왕조도 저물어 가는구나."

피로 얼룩진 선죽교

"아버님, 정몽주가 끝내 받아들이지 않았습니다. 정몽주가 버티고 있는 한 새로운 왕조를 여는 일은 쉽지 않습니다."

이방원의 말을 듣고 이성계는 결심했다. 이성계의 마음을 읽은 이방원은 조영규를 불렀다. 정몽주는 선죽교 위를 가면서 중얼거렸다.

"날 죽이려는 자가 아는 얼굴일까 두려워 말을 돌려 탔도다."

그 순간 정몽주는 선죽교 위에서 이방원이 보낸 조영규에게 살해되었다. 정몽주는 피를 흘리며 쓰러졌다. 선죽교의 원래 이름은 선지교였다. 정몽주가 죽은 뒤 충절을 뜻하는 대나무가 솟아 나왔다 해서 선죽교로 고쳐 불렀다고 한다.

정몽주를 제거한 뒤 이성계는 공양왕을 폐위시켰다. 이로써 왕건이 세운 고려는 470여 년 만에 역사 속으로 사라지고 말았다.

고려를 발전시킨 신하들 155

피
바
람
이
불
다

제17대 인종, 무서운 외할아버지, 무서운 장인, 이자겸

예종은 장인 이자겸을 믿고 자신의 맏아들 구에게 왕위를 물려주었다. 인종은 이자겸의 집에서 자란 데다, 이자겸의 도움으로 왕위에 올랐으니 그야말로 이자겸의 시대가 열리게 되었다.

"내가 조서를 받기 위해 굳이 궁궐 안까지 다닐 필요가 없다."

이런 이자겸의 기세에 눌려 인종이 건덕전 문밖으로 직접 나가는 일까지 벌어졌다.

"혹시 다른 외척이 등장할지도 모르니 그에 대비해 확실하게 옭아매야 해."

이자겸은 자신의 셋째 딸과 넷째 딸을 차례로 인종과 결혼시켜 왕비로 삼게 했다. 이들은 인종의 이모로 당시 풍습으로도 결혼을 금하는 관계였다. 권력에 눈이 먼 이자겸은 법과 풍습을 무시했다. 외손자를 사위로 삼은 꼴이었다. 그리고 자신의 측근을 중요한 벼슬에 앉히고 벼슬을 팔아서 재산을 늘렸다. 집에는 벼슬을 청탁하러 온 사람들로 붐비고 썩어 가는 고기 냄새가 진동했다.

"나 이자겸은 이제 국공이다. 내 생일을 인수절(국왕의 탄신일)이라 하고 전국에서 축하문을 올리도록 하라."

이자겸은 왕과 같은 권한으로 행동하며 인종을 자신의 사택 서원에 연금해 버리고 모든 정사를 직접 처리했다.

"국공의 처사를 더는 참을 수 없구나!"

인종의 마음을 헤아린 신하들은 이자겸을 제거하는 데 나섰다.

"이자겸의 후원 세력인 척준경 일파부터 소탕합시다."

허나 그들 중 '학문'이란 자가 변심해서 이자겸에게 밀고해 버리는 바람에 실패했다.

"궁궐에 불을 지른 다음 궐 밖으로 뛰쳐나오는 놈들은 죽여라."

척준경은 명령을 내렸다. 이것이 바로 이자겸의 난이었다. 이자겸의 난을 겪은 인종은 크게 좌절했다. 이자겸은 왕을 죽이고 왕위에 오르려는 계획을 세웠다.

"귀한 재료를 넣어 상감을 위해 만든 떡이니 다른 사람은 손대지 못하게 하고 오직 상감만 드시게 하라."

인종이 떡을 집어 먹으려 할 때였다. 그 순간 왕비가 기지를 발휘하여 말했다.

"잠깐만요. 떡에서 이상한 냄새가 납니다. 상했는지 한번 확인해야겠습니다."

왕비는 뜰아래 새들에게 떡 한 개를 던졌다. 떡을 먹은 새는 바르르 몸을 떨며 죽었다.

그 후에도 이자겸은 독이 든 한약을 인종의 보약이라고 속이며 왕비에게 전했다. 왕비는 방문 문지방에 걸린 듯 넘어지면서 약사발을 엎어버려 인종의 목숨을 구했다. 인종은 이자겸을 축출하기 위해 내의원 최사전과 모의했다. 마침 이자겸의 아들 이지언의 집사가 척준경의 집사와 시비가 붙었다. 이지언의 집사가 홧김에 소리를 질렀다.

"네 상전은 임금 있는 자리에 활을 쏘고 궁중에 불을 질렀으니 그 죄는 죽음을 면치 못할 터이고, 너도 마땅히 관노로 끌려가야 할 터인데 감히 네놈이 나를 욕해?"

이 말은 곧 척준경의 귀에 들어갔다. 인종은 이 소문을 듣고 안장을

피바람이 불다 159

끼운 말을 척준경에게 선물로 주며 왕실을 위한 충성심을 유도했고, 척준경은 인종에게 충성을 다짐했다. 인종은 척준경에게 밀지를 보냈다. 척준경은 즉시 이자겸을 가두었다. 이로써 1126년 5월 이자겸의 난은 마무리되었다. 이자겸은 영광에 유배되었고 두 딸도 왕비에서 쫓겨났다. 그러나 인종은 왕비 이씨(이자겸의 넷째 딸)에게 독약 사발을 엎지른 공로를 인정해 폐비가 된 후에도 돌봐주었다.

서경 천도를 주장하다 반란을 일으킨 묘청

풍수지리를 내세워 천도를 주장한 묘청

묘청과 인종을 연결한 사람은 정지상이었다. 개경 세력이 조정을 장악하자 자연히 서경 세력은 불만을 품었으며 묘청과 정지상은 도참설을 내세워 인종에게 다가갔다.

"폐하, 서경 임원역의 땅은 최고의 명당입니다. 이곳에 궁궐을 짓고 전하께서 옮겨 앉으시면 천하를 다스릴 수 있습니다. 또한 금나라에서 공물을 바치고 스스로 항복할 것이고, 주변의 스물여섯 개 나라가 모두 조공을 바칠 것입니다. 개경은 기운이 다 했습니다. 서경으로 도읍을 옮기면 재난도 모두 사라질 것입니다."

풍수지리설을 이용해 묘청은 서경 천도를 강력하게 주장했다.

"짐이 직접 서경을 방문하여 지세를 보고 궁궐을 짓도록 하리다."

이자겸의 난 이후 왕권 강화에 힘쓰던 인종은 서경 천도 계획을 세웠다. 한편 개경에서도 이자겸의 난으로 불탄 왕궁을 복구하는 작업이 한창이었다. 한겨울 추위에 동원된 백성의 원성은 높았다. 대화궁을 짓는데 서경에 지진이 일어나고 궁궐에 벼락이 쳤다. 묘청은 왕에게 표문을 올렸다.

"우리 스스로 황제라고 칭하고, 독자적인 연호를 제정해야 합니다."

개경파 신하들은 불가능한 일이라고 비판했고 인종도 듣지 않았다. 그런 중에 묘청은 금나라를 칠 것을 주장했다. 다른 신하들은 반대가 거셌다.

"금나라를 쳐서는 안 됩니다. 금나라는 요나라를 멸망시키고 다시 남쪽으로 내려와 송나라를 몰아낸 상태입니다. 금나라는 잘 훈련된 기마병을 중심으로 구성된 부대여서 군사력이 어마어마합니다. 그러나 고려는 보병을 중심으로 구성되어 금나라를 이기기가 어렵습니다. 서경 세력의 금 정벌론은 서경 천도를 실현하기 위한 계책일 뿐입니다."

김부식을 비롯한 중신들은 반대하고 나섰다. 한동안 인종은 대화궁에 머물렀다. 그런데 그 이듬해 서경에 세운 탑에 화재가 일어났다.

"폐하, 묘청은 분명 서경에 궁궐을 지으면 재난이 사라진다 했습니다. 묘청의 말이 거짓이 분명합니다."

그러나 묘청은 아랑곳하지 않고 대화궁 주변에 성을 쌓을 것을 청했다. 그러고는 임원궁성을 건설하고 궁성 내 문수보살을 비롯한 여덟 보살을 안치한 팔성당을 설치했다. 1132년 인종은 왕궁이 지어지자 서경으로 행차했다.

우르르 쾅쾅 난데없는 천둥과 벼락이 쳐 말들은 놀라 날뛰었다. 인종을 태우고 가던 말이 폭우와 돌풍에 놀라 진창에 빠지는 사고가 일어났다. 말과 사람이 다치자 묘청을 비난하는 소리가 높았다.

묘청의 속임수와 반란

"폐하, 오늘은 서경에서 뱃놀이를 하시지요."

인종은 신하들의 권유에 강으로 나갔다. 그런데 강물 색이 이상했다.

"아니, 강물이 오색으로 빛나는 것이 참으로 신비하구나. 대체 저게 무슨 일이냐?"

뱃놀이를 하던 인종은 깜짝 놀랐다.

"저것은 용이 침을 강물에 떨어뜨린 것입니다. 참으로 복되고 좋은 징조이니 서경으로 천도해야 하는 것입니다."

묘청의 말에 인종은 오히려 의문을 품었다.

"가까이 가서 강바닥을 조사해 보아라."

피바람이 불다 163

"폐하, 강바닥에는 기름을 채운 떡이 있었습니다. 이 기름 때문에 강물이 오색으로 보인 것입니다. 누군가 일부러 수를 쓴 게 분명합니다."

그 일은 묘청이 급하게 서경 천도를 서두르느라 벌인 속임수였다.

"요승이 요망한 말로 나라를 어지럽혔으니 마땅히 벌을 내리십시오."

중신들의 상소가 이어졌다. 그 뒤 인종은 묘청에 대한 신임을 거두고 서경 천도를 포기했다. 그러자 1135년(인종 13년) 묘청은 반란을 일으켰다. 조광과 결탁해 국호를 대위, 연호를 천개라 했다. 인종은 서경의 반란 소식에 반란군을 토벌하기로 결정하고 김부식을 원수로 임명했다. 반란군이 일어난 지역에 있던 많은 성 사람들이 김부식이 이끄는 정부군에 협조했다.

"반란군을 이끄는 조광은 들으라. 전세가 불리하니 항복하라."

"묘청의 목을 바치니 살려 주십시오."

조광은 묘청의 목을 베고 유참을 개경으로 보냈다. 개경에 간 유참이 옥에 갇히자 조광은 회유도 거절하고 1년여 정도 항전하다가 스스로 목숨을 끊었다. 이렇게 묘청의 난은 끝났다.

왕세자 유모의 지아비, 정함

고려 시대 내관은 고자로서 내시 직에 있던 환관과, 고자가 아닌 문관 출신이면서 궁내부 일을 맡아보던 일반 내시가 있었다. 의종이 문신들이 권력을 차지한 데 반발해 주변 세력을 넓히면서 환관의 힘이 커졌다. 그중 대표 인물이 정함이었다. 의종의 유모를 처로 삼은 정함은 의종이 왕위에 오르자 큰 저택을 받고 내전 승반에 올랐다. 정함은 권력에 대한 욕심과 잔꾀가 많았다. 하루는 왕이 내전 신하들을 모아 놓고 연회를 베푸는 자리에 환관이 해서는 안 되는 서대를 두르고 나왔다.

"환관 따위가 조신들이 두르는 서대를 하고 있는데, 대간들이 아무 말도 하지 않았느냐?"

그러자 왕식이 소리를 질렀다. 이작승 또한 얼굴을 붉히며 말했다.

"즉시 서대를 빼앗아 오너라."

"네 이놈, 이것은 왕의 하사품이다. 손을 치워라!"

서대를 빼앗긴 정함이 소리를 지르더니 바로 의종에게 달려가 하소연했다.

"내시 이성운은 당장 이빈을 잡아 오라. 그리고 대간 아전 민효정을 묶어 궁성소에 가두어라."

의종이 이렇듯 편을 들어주니 정함의 기고만장함은 끝이 없었다. 마침내 정함은 조정 백관의 대열에도 올랐다. 정함은 조정에 친척과 도당들을 끌어들여 패거리를 형성하고 관노 왕광취와 백선연을 내시로 끌어들여 자신의 수족처럼 부렸다. 뇌물을 받고 상인들의 이권을 조정하며 백성의 물품을 빼앗아 재산을 늘렸다. 대궐 30보 밖에 무려 200칸이 넘는 집을 짓고 곳곳에 누각을 마련했는데 마치 왕궁 같았다.
　정함은 첨사부 녹사로 있던 김존중하고도 친해 김존중은 형부낭중 기거주 보문각 동제거에 올랐다. 정함과 김존중은 대간들을 이끌며 의종의 행동을 규제하던 정습명을 탄핵하여 죽게 만들었다. 정함의 추천으로 우승선에 오른 김존중은 내시낭중으로 있던 정서를 역모죄로 몰았다.
　"정서는 왕이 될 뻔한 왕경과 자주 왕래하더니 역모를 꾸민다고 합니다."
　의종이 평소 그들의 친분을 못마땅하게 여긴 것을 알고 정서를 역모죄로 탄핵한 것이다. 정서는 결국 동래로 귀양 갔다. 그곳에서 〈정과정곡〉 등의 고려 가요를 남겼다.
　이들 내관 주변에는 뇌물을 바치고 관직을 얻으려 하는 자들로 항상 붐볐다. 관직을 사고팔며 엄청난 재산도 축적했다. 무신들의 반란은 환관 정치를 끝내며 내관들의 몰락을 의미했다.

무신의 난을 부른 김부식의 아들 김돈중

정중부의 불탄 수염

인종 때 궁궐에서 악귀를 쫓는 의식인 나례가 열렸다.

"정중부, 그대의 수염이 참으로 멋지오."

인종은 크게 칭찬했다.

바람이 불어 촛불이 꺼지자, 김돈중이 촛불을 켜며 일부러 정중부의 수염에 불을 붙였다. 불타는 수염을 보고 비웃는 김돈중에게 화가 난 정중부는 주먹질을 몇 대 했다.

"내 자식이 무인 놈에게 욕을 봤다고? 가만두지 않겠다."

김돈중의 아버지는 당대 문인 세력 우두머리 김부식이었다.

"폐하, 무신이 문신을 때렸으니 마땅히 중죄로 다스려야 합니다."

김부식이 청했지만 왕은 정중부를 용서했다. 그 일을 겪으면서 정중부는 문인에 대한 감정이 매우 나빠졌다.

"김돈중 이놈, 어디 두고 보자. 제 아비 김부식을 믿고 내 수염에 불을 붙이다니……."

정중부는 그 일만 생각하면 온몸이 부들부들 떨렸다.

보현원에 피바람이 불다

의종의 신임을 얻은 정중부는 상장군에 올랐다. 의종은 시를 잘 짓는 내관들이나 악공들과 날마다 술잔치를 즐겼다. 정중부를 비롯한 무인과 병사들은 이때마다 주변을 지키느라 고생하자 불만이 터져 나왔다. 그러다 1170년 8월 정축일 밤이었다.

"상장군, 더는 못 참겠소. 문관들은 저리 배불리 먹고 취하며 무관을 무시하는데 우리 무관은 벌서듯 서서 굶주리니 이 노릇을 못해 먹겠습니다."

"그렇소. 저들 좀 보시오. 늘 흥청망청 놀며 술에 취해 있지 않소."

이의방과 이고가 정중부에게 넌지시 말을 했다. 정중부는 마음을 굳혔다.

"지금이 거사를 일으킬 기회다. 폐하가 궁으로 돌아가면 다음으로 미루고, 보현원으로 가면 행동에 옮기겠다."

의종은 무신들이 이런 대화를 하는 줄도 모르고 잔치를 즐겼다. 어깨가 축 처진 호위병을 위로한다고 의종이 수박희시합을 시켰다. 나이 많은 이소응 대장군과 젊은 장수가 겨루었다.

"폐하, 송구합니다. 힘이 모자라 기권하려 합니다."

이소응이 고개를 숙였다.

"허허, 대장군, 수고 많았소."

"아니, 누가 맘대로 기권하래? 응? 대장군이 되어 젊은 장수에게 기권해?"

한뢰가 앞으로 나서며 이소응의 뺨을 때렸다. 이소응은 아래로 처박혔다. 자리에 있던 문관들은 이소응을 비웃었다. 정중부가 앞으로 나서며 소리쳤다.

"한뢰 이놈, 이소응은 비록 무관이나 벼슬이 3품인데 어찌 네놈 따위가 이런 심한 모욕을 주느냐?"

그날 밤 정중부, 이고, 이의방 등은 결국 반란을 일으켰다. 이 반란을 무신정변 또는 정중부의 난이라고 한다.

"문관의 관을 쓴 놈들은 한낱 서리라도 모조리 죽여라."

결국 김돈중도 잡혀 죽고 정중부는 궁궐까지 장악했다. 이로써 고려 조정은 무신들의 손에 들어갔고 백년 간의 무신 정권 시대가 열리고 있었다.

왕위를 탐한 천민 출신 이의민

이의민은 경주 출신으로 아버지는 소금 장수 이선이고 어머니는 옥령사의 여종이었다. 이의민은 키가 팔 척이 넘는 장신으로 힘도 셌다.

두 형 역시 기질이 강하고 장사였지만 소문난 불량배로 몹쓸 짓을 하고 다녔다.

"나라에서는 뭐하느라 저런 것들을 그냥 두는지 모르겠네. 불안해서 거리를 다닐 수 없지 않은가."

지역 민심이 나빠지자 안찰사 김자양은 삼 형제를 잡아다 죄를 물어 고문했다. 이때 두 형은 죽고 이의민만 살았다.

"저놈은 제법 끈질기구나. 힘이 장사라 써먹을 데가 있겠다."

김자양은 혹독한 고문을 받고도 살아난 이의민에게 개경을 수비하는 경군으로 추천했다. 그 후 이의민은 태껸을 잘해 의종의 눈에 들고 별장으로 승진했다. 그리고 정중부의 난을 진압한 공으로 중랑장까지 승진했다.

1173년(명종 3) 김보당이 난을 일으켜 의종을 복위시키려 하자 이의민은 의종을 죽이려고 경주에 내려갔다. 당시 의종은 거제도에서 장순석의 안내로 경주에 왔는데, 이의민이 장순석을 없애고 의종의 척추를 맨손으로 꺾어 죽여 연못에 버렸다. 이의민은 자신의 무술을 높이 평가해 벼슬을 올려준 의종의 은혜도 모르는 사람이었다. 이의민은 의종을 죽인 공로로 대장군(종3품)으로 승진했다.

"나, 조위총이 무인 정권을 제거하겠다."

1174년(명종 4) 조위총이 동북 지방에서 난을 일으켰다.

"제가 난을 진압하겠습니다."

이의민은 선봉에 나섰다. 갑자기 화살이 날아와 이의민의 눈에 박혔다. 이의민은 손으로 화살을 뽑고는 아무렇지 않게 난을 진압하여 정3품 상장군에 올랐다. 1179년 경대승이 정중부를 제거하면서 이의민은 경대승이 자신을 죽일까 봐 겁을 먹고 집앞 골목에 대문을 세우고 경비를 서게 했다. 경대승에 의해 허승이 죽었을 때 병마사로 변방에 있던 이의민은 경대승이 죽었다고 잘못 알고 말했다.

"내가 경대승을 죽이려 했는데 나보다 손이 빠른 놈이 있었다니 원통하다."

이 말은 경대승에게 들어갔고 이의민은 겁을 먹고 병을 핑계로 고향 경주로 내려가 몸을 조심했다. 이의민은 경대승이 죽은 후에야 개경으로 올라와 벼슬을 하는 처세술을 발휘하며 실권을 장악했다. 이렇게 되자 아무도 이의민 일가를 건드리지 못했다. 그의 아들들의 횡포도 끝이 없었다.

"저 여자를 데려오너라."

이의민 아들들은 남의 재산뿐 아니라 남의 아내까지 빼앗는 행패를 부렸다. 사람들은 이의민의 아들들을 쌍도자라 불렀다. 이렇게 아들들까지 권력을 남용하던 이의민은 왕위도 넘보았다.

1196년, 장군이 된 이의민의 아들 이지영이 최충수의 집 비둘기를 강탈하는 일이 일어났다. 최충수는 이지영에게 앙심을 품었다. 자신의 형 최충헌과 모의하여 이지영과 이의민 일가와 측근을 죽였다. 권력은 최충헌에게 넘어가고 명종은 최충헌에게 쫓겨났다. 이후 신종이 즉위하면서 60년 동안의 최씨 무신 정권이 시작되었다.

개혁론자에서 간신으로 전락한 신돈

공민왕은 아이를 낳다 죽은 노국 대장 공주를 잊지 못해 정사를 뒤로 했다. 그런데 김원명이란 신하가 좋은 생각이 있다며 나섰다.

"덕이 높은 스님을 한 분 추천하여 말벗이 되게 하는 것이 좋을 듯합니다."

김원명은 계성현의 옥천사에 있는 편조라는 승려를 데려왔는데, 이 승려가 바로 신돈이다. 신돈을 총애하게 된 공민왕은 점점 나랏일을 신돈에게 맡겼다. 신돈은 전민변정도감을 설치하고 억울하게 귀족들에게 빼앗긴 토지를 백성에게 되돌려 주고, 억울하게 노비가 된 백성을 해방시켜 주고 잘못한 관리가 있다면 재산을 빼앗아 가난한 백성에게 나누어 주겠다고 했다. 백성은 신돈의 개혁에 박수를 보내며 부처가 보낸 것이라며 칭찬했다. 그러나 신돈은 점점 변해 갔다. 권력을 제멋대

로 휘두르고 나랏돈으로 집을 호화롭게 짓고 승려이면서 수많은 첩을 거느렸다. 기현이라는 신하는 시집간 딸마저 신돈에게 첩으로 주고 벼슬을 얻었다. 귀족들은 중놈이 나라를 망친다고 비난하며 신돈을 제거할 움직임이 일어났다. 그런데 결국 신돈에게 발각되어 오히려 죽임을 당했다.

보다 못한 이제현이 공민왕에게 나아가 아뢰었다.

"신돈은 나라와 폐하께 화를 끼칠 사람이니 너무 가까이 하지 마옵소서."

이에 신돈은 이제현과 자신을 없애려는 신하들을 사형을 시키거나 유배를 보냈다. 신돈은 급기야 왕의 자리까지 넘보게 되었다. 그 음모는 이인에게 발각되어 공민왕의 귀에 들어갔다. 공민왕은 그제야 정신이 번쩍 들었다.

"내가 믿고 아끼기에 나랏일을 맡겼더니 고양이에게 생선 가게를 맡긴 격이구나."

1371년 6월, 공민왕은 신돈을 참형에 처했다.

끝까지 왕을 현혹한 김용

개경을 점령한 홍건적들은 잔인하게 백성을 짓밟고 약탈했다. 공민왕은 정세운 장군을 총병관으로 임명했다. 정세운은 홍건적을 소탕하고 개경을 되찾고자 노력했다.

"폐하, 속히 애통 교서를 내리시어 백성을 위로하고 징병을 독촉해야 합니다."

애통 교서란 나라에 환란이 있을 때 왕이 자신의 잘못을 뉘우치고 백성에게 사죄하는 글이었다. 이 교서가 반포되자 난을 피해 도망갔던 관리와 백성이 돌아왔다.

"모든 장병은 들어라. 이번 싸움에서 반드시 이겨야 한다."

홍건적은 곧 평정되었다. 그런데 공민왕이 원나라 있을 때 응양군 상호군 벼슬에 오른 김용은 홍건적을 물리치는 데 공을 세운 정세운을 시기했다. 김용은 왕의 총애를 받고 있던 정세운을 죽이기 위해 계략을 꾸몄다. 왕의 편지를 위조한 뒤 조카 김림을 통해 왕의 친서라며 안우에게 주었다. 내용은 정세운을 죽이라는 것이었다. 왕의 편지를 받은 안우와 이방실은 김득배를 찾아갔다.

"김용이 전한 왕의 글이 이렇다면 따라야 하지 않겠는가?"

김득배는 한숨을 몰아쉬며 말했다.

"홍건적을 물리친 지 얼마나 되었다고 우리끼리 싸움인가. 차라리 대궐로 데려가 주상께서 처리하게 하는 것이 어떤가."

안우는 듣지 않았다. 군막에 술상을 차려 놓고 정세운을 불러 마시다가 장사들을 시켜 죽였다. 그 뒤 김용은 대궐 문지기를 시켜 안우를 죽이고 이방실과 김득배에게도 정세운을 죽인 죄를 뒤집어씌워 죽였다. 이렇게 간교한 김용은 더 큰 욕망을 부렸다. 흥왕사로 행차한 공민왕의 침전을 습격했다.

"원나라 황제의 명을 받고 왔다. 칼을 받으라."

50여 명의 부하가 기습했지만 이미 눈치챈 환관 이강달이 공민왕을 업고 피해 목숨을 살렸다. 이렇게 모든 음모가 밝혀져 사악하고 간사한 김용은 사형에 처해졌다.

《고려사》 해설

❀ 역사 속에 숨어 있는 관점 찾기

김유중(서울대학교 국어국문학과 교수)

❀ 《고려사》는 어떻게 읽어야 할까?

　《고려사》는 제목 그대로 고려 시대 475년 동안의 역사를 쓴 책이다. 이 책은 조선 시대 초기에 만들었는데 오늘날까지 남아 있는 고려 역사책 가운데 가장 오래된 것이다. 현재 우리가 고려 시대에 대해 알고 있는 내용 대부분은 《고려사》에 실린 내용이다. 《고려사》에는 고려 시대의 왕들, 장수들, 신하들에 관한 이야기가 순서대로 다양하게 담겨 있다.

　그런데 역사는 지식을 외우듯 읽어서는 안 된다. 똑같은 사건을 보고도 쓰는 사람에 따라 역사를 보는 시각이 다르기에, 어떤 역사책이든 글쓴이의 입장이 들어 있음을 알아야 한다.

　실제로 《고려사》는 여러 사람이 함께 쓴 책이다. 그리고 《고려사》를 쓴 사람들은 서로 입장이 달랐다. 이러한 입장 차이는 《고려사》에 어떤 영향을 주었을까? 조선 시대 초기 《고려사》를 만든 과정을 살펴보면서 궁금증을 해결해 보자.

'고려 역사 쓰기'를 둘러싼 여러 가지 입장

옛날 《고려사》는 조선의 다섯 번째 임금인 문종이 왕위에 오르던 해에 완성되었다. 조선에서 처음으로 나온 고려 역사책은 《고려국사》라는 책이다. 이 책은 조선의 1대 왕인 태조 때 완성되었다. 그런데 조선의 3대 왕인 태종이 신하 하륜에게 《고려국사》를 고쳐 쓰게 해, 태종 때 《개수 고려국사》가 완성되었다. 그러나 4대 왕 세종은 《개수 고려국사》에도 만족하지 못하고 다시 고쳐 쓰게 해 《수교고려사》《고려사전문》을 펴냈다. 그리고 지금 우리가 읽는 《고려사》를 쓰기 시작해 문종이 왕위에 오르던 해에 완성했다. 이후 문종 때의 신하들은 새로운 고려 역사책이 필요하다고 문종에게 건의했다. 그래서 새로 《고려사절요》라는 책을 쓰기 시작해, 문종의 뒤를 이은 단종이 왕위에 오르던 해에 완성되었다.

이처럼 조선 시대 초기 임금과 신하들은 고려 역사를 책으로 쓰는 데 관심이 많았다. 그리고 앞서 만든 고려 역사책이 있어도 자꾸 책을 고쳐서 새로 펴냈다. 그 이유는 앞서 말한 '글쓴이들의 입장 차이' 때문이었다.

《고려사》의 구성

원래 《고려사》는 모두 139권이다. 그 내용은 크게 '세가(世家)', '지(志)', '열전(列傳)'으로 나누어져 있다. 먼저 '세가'는 왕들의 생애를 순서대로 쓴 것이다. 고려를 건국한 태조 왕건에서부터 고려가 멸망할 때 마지막 왕이었던 공양왕에 이르기까지 왕의 삶과 업적을 다루고 있다.

'지'는 고려 시대의 사회 제도나 문화에 대해서 설명했다. 구체적으로 〈천문지〉〈역지〉〈오행지〉〈지리지〉〈예지〉〈악지〉〈여복지〉〈선거지〉〈백관지〉〈식화지〉〈병지〉〈형법지〉가 있다. 이들은 각각 고려 시대 사회·문화를 담고 있다. 예를 들어 〈천문지〉는 일식, 월식, 별들이 보이는 변화 등 밤하늘에 나타나는 현상을 기록한 것이다. 〈지리지〉는 오늘날의 시도 구분과 같이 고려 시대의 지방 조직을 설명한 것이다. 〈악지〉는 고려의 음악에 관한 것이고, 〈병지〉는 고려 시대의 군대 조직에 관한 것이다.

마지막으로 '열전'은 왕 이외의 여러 중요한 인물의 이야기를 모은 것이다. 여기에는 〈후비전〉〈종실전〉〈제신전〉〈양리전〉〈충의전〉〈효우전〉〈열녀전〉〈방기전〉〈환자전〉〈혹리전〉〈폐행전〉〈간신전〉〈반역전〉이 있다. 이들은 각각 중요한 인물들을 신분에 따라 나누어서 다루었다. 〈후비전〉은 왕비와 공주들에 관한 이야기이고, 〈충의전〉은 충신들에 관한 이야기이며, 〈혹리전〉은 죄인을 너무 엄격하게 다스려 잔인하게 괴롭힌 관리들의 이야기이다.

이러한 《고려사》의 구성을 보면, 《고려사》에는 고려 사회의 여러 가지 모습이 사실대로 잘 담겨 있는 것처럼 보인다. 하지만 역사를 글로 쓸 때에는 글쓴이의 입장이 들어갈 수밖에 없다. 그리고 글쓴이의 입장은 책에 쓰여 있는 말들을 주의 깊게 읽어야 느낄 수 있다. 그럼 《고려사》에서 발견할 수 있는 글쓴이의 입장은 무엇일까?

고려를 멸망시킨 조선 사람들의 입장

앞에서 말한 여러 가지 고려 역사책들은 모두 조선 초기에 나왔다. 그러니 그 책들에는 모두 조선 초기 사람들의 입장이 들어 있다. 조선은 고려를 멸망시킨 사람들이 세운 나라이다. 따라서 조선 초기의 왕과 높은 신하들은 고려를 멸망시킨 것이 정당하다고 주장해야 했다. 그리고 조선은 고려의 뒤를 이은 정당한 나라라고 주장하고 싶었다. 조선 초기에 나온 여러 가지 고려 역사책들은 대부분 이런 이유에서 쓴 것이었다. 고려 역사 전체를 정리한 후, 고려에서 조선으로 나라가 바뀌는 것이 자연스럽고 올바른 일이라고 말하고 싶었던 것이다.

이처럼 어떤 주장이 옳다고 말하기 위해서 역사를 쓸 때, 글쓴이는 자기주장과 어울리는 방향으로 과거를 이야기하게 된다. 예를 들면 영수와 철수가 싸운 후 영수가 일기를 쓰면 둘 다 잘못했더라도 일기에는 철수의 잘못이 더 많이 나오는 것과 같다. 《고려사》도 조선 건국의 정당성을 주장하기 위해 썼기에 고려의 문제점을 강조한다. 그래서 고려를 멸망시키고 조선을 세울 수밖에 없었다는 것이다. 이러한 주장은 다음 글에도 나와 있다.

의종·명종 이후로는 권세 있고 간사한 자들이 나라를 마음대로 다스려, 나라의 근본을 상하게 하며 용도를 함부로 하여 창고가 텅 비게 되었다. 원나라를 섬기면서 백성을 수탈하는 일이 끝이 없었다. ……법은 다 무너지고 나라도 따라서 망했다.

_〈식화지〉머리말에서

고려 초기에는 인재를 키우는 방법과 뽑는 제도, 관리를 임명하는 법이 잘 정리되어 있었고, 뒤의 여러 자손도 이를 잘 이어 나갔다. 그래서 우리나라 문물의 수준이 중국과 비교할 만했다. 그러나 권신이 자기 욕심만을 위해 정방(政房)을 만들자, 정치가 뇌물에 따라 이루어지고, 관리를 임명하는 제도가 크게 무너졌다. …… 이로 인해 고려의 왕업이 크게 약해졌다.

_〈선거지〉머리말에서

윗글은 모두 《고려사》에 포함돼 있는 것으로, 고려 말기에 대한 좋지 않은 평가가 담겨 있다. 머리말의 글쓴이는, 초기에 번성했던 고려가 말기에 이르러 매우 위태로운 상황이 되었다고 강조했다. 머리말뿐 아니라 본문에서도 이러한 생각을 발견할 수 있다. 《고려사》는 고려 초기의 임금들에 대해서는 훌륭한 업적을 많이 소개한다. 그러나 무신 정변부터는 나라를 혼란스럽게 만든 사건들을 주로 소개했다. 한마디로 초기에 튼튼하고 평화로웠던 고려 사회가 말기에는 그렇지 않았다는 것이다. 이는 고려가 멸망할 수밖에 없었고, 조선을 새로 세울 수밖에 없었다는 주장에 힘을 실어 준다.

신우 부자는 반역자 신돈의 서자로서 왕위를 16년 동안 도둑질했다. 그러므로 《한서》 왕망전에서도 그랬듯이, 그 신분을 낮추어 열전에서 다루어 적을 공격하는 큰 뜻을 분명히 했다.

—〈반역열전〉중에서

윗글 또한 《고려사》 열전에 실려 있다. 글쓴이는 신돈의 자손들이 왕손도 아니면서 왕위를 도둑질했다고 한다. 그래서 임금의 이야기들을 모은 '세가'가 아니라, 기타 인물들의 이야기를 모은 '열전'에 그들의 이야기를 넣겠다고 했다. 제32대 우왕과 제33대 창왕이 신돈의 자손들이다. 즉 《고려사》를 쓰는 데 참여한 사람들은 우왕과 창왕이 진정한 왕이 아니라고 생각했다. 실제로 '세가'에는 우왕과 창왕의 삶과 업적을 집중적으로 기록한 부분이 없다. 두 왕을 뛰어넘고 제34대 공양왕부터 다루고 있다. 이처럼 우왕과 창왕을 낮추어 본 것은, 우왕 때 일어난 이성계의 위화도 회군이 잘한 일이라는 의견을 뒷받침하고 싶어서였다. 그러한 의견은 곧 고려가 무너지고 조선이 건국된 것이 잘된 일이라는 의견을 뒷받침한다.

유학을 중시하는 조선 사람들의 입장

고려는 중국을 섬기는 나라이다

조선 초기의 임금과 신하들은 조선은 고려와 달라야 한다고 생각했다. 그래서 고려에서 중요하게 여겼던 불교를 무시하고, 조선에서 중요하게 여길 사상으로 유학을 선택했다. 그런데 유학은 중국에서 건너온 것으로 위아래의 질서와 각자의 역할을 강조하는 학문이었다. 따라서 유학 사상을 마음 깊이 새긴 학자들은, 중국이 유학을 만들었고 훌륭한 유학자를 많이 낳았기 때문에 조선이 중국을 스승처럼 섬겨야 한다고 생각했다.

이러한 생각은 《고려국사》에서도 확인할 수 있다. 《고려국사》를 쓴 이성계의 신하들은 불교를 낮추어 보는 유학자의 입장에서 고려 역사를 썼다. 《고려국사》가 오늘날까지 남아 있지 않아 이 부분을 확인할 수 없으나, 다음 글을 보면 《고려국사》에 그런 문제가 있음을 알 수 있다.

원종 이전의 사실들은 분수를 지키지 않은 것이 많다. 그러므로 임금을 가리켜 '종'이라 칭한 것은 '왕'이라 쓰고, '절일'이라 칭한 것은 '생일'이라 쓰고, 조(詔)는 교(敎)라 쓰고, 짐(朕)은 여(予)라 썼는데, 이것은 모두 명분을 바로 하는 것이다.

윗글은 《동문선》이라는 책에 남아 있는 《고려국사》의 머리말이다. 이 글을 쓴 태조의 신하 정총은, 고려 왕실에서 '종, 절일, 조, 짐' 등의 낱말을 쓰는 것은 분수를 지키지 않는 것이라고 했다. 이 낱말은 중국의 황제가 쓰는 낱말이니, 조선에서는 '왕, 생일, 교, 자' 같은 낱말을 써야 한다고 했다. 그런데 이 낱말들은 중국에서는 황제 아래에 있는 제후들이 쓰는 말이었다. 따라서 고려 왕의 역사를 쓰면서 이런 낱말을 썼다는 것은 고려 왕을 중국 황제보다 아래에 있는 사람으로 본 것이다. 그리고 고려를 중국보다 아래에 있는 나라로 본 것이다. 즉 《고려국사》를 쓴 조선 초기 사람들이 실제로 고려 사람들이 썼던 말을 마음대로 바꾼 이유는 고려가 중국을 따르는 나라에 불과하다는 생각이 들어 있는 것이다.

《고려국사》를 바로잡은 《고려사》의 객관적 성격

세종은 《고려사》를 다시 쓰게 하면서 《고려국사》에서 고친 부분들을 되돌려 놓았다. 그래서 《고려사》의 앞부분에 다음과 같은 글을 썼다.

종(宗)이라 칭하고 폐하(陛下)·태후(太后)·절일(節日)·제고(制誥)라 칭하는 따위가 비록 분수에 넘치는 것이라 하더라도 당시에 칭하던 그대로 써서 그 사실을 보존한다.

이 글에서 세종은 고려의 임금들이 '종, 폐하, 절일' 등 황제의 단어를 쓴 것이 어쨌든 사실이라고 했다. 그리고 사실을 보존하기 위해 고려 사람들이 썼던 말들을 그대로 쓴다고 했다. 세종은 글쓴이의 입장을 많이 드러내지 않고, 사실을 그대로 쓰는 것을 중요하게 생각했다.

이처럼 《고려사》는 다른 책에 비해 객관적인 태도가 돋보인다. 왕들이 쓰는 단어를 원래대로 고친 것 외에, '찬(贊)'이라는 부분도 《고려사》의 객관적인 성격을 보여 준다. '찬'은 역사 속에서 일어난 일을 기록한

다음, 그 사건에 대한 글쓴이의 의견을 따로 붙인 부분이다. 이러한 구성은 옛날 역사책에서 자주 쓰는 방법이다. 고려 시대 역사를 조선 시대에 쓴다면, '찬'에는 고려 시대에 대한 조선 시대 사람들의 의견을 넣을 수 있다. 그러나 《고려사》의 '찬'에는 고려 시대 신하들의 글이 그대로 실려 있다. 옛날 사건에 대해 옛날 사람들의 의견을 존중한 것이다.

《고려사》에 보이는 유학 중심 시각

하지만 세종이 새롭게 쓰기 시작한 《고려사》에도 여전히 고려 임금들을 낮추는 표현이 등장한다. 왜냐하면 《고려국사》를 쓴 사람들이나 《고려사》를 쓴 사람들이나, 고려의 불교를 반대하기 위해 유학을 중요하게 생각했기 때문이다. 조선 초기의 왕과 신하들은 어느 책을 썼느냐에 상관없이, 공통적으로 유학과 유학이 시작된 중국을 높게 보았다. 그렇다면 《고려사》에서 고려를 낮추고 중국을 높인 부분은 어디에 있을까? 다음 글을 보자.

《사기》를 살펴보니 천자의 이야기는 '기'라고 부르고 제후들의 이야기는 '세가'라고 불렀다. 지금 《고려사》를 쓸 때에는 왕들의 기록을 '세가'라고 하여 도리를 지키도록 했다.

앞에 나왔던 《고려사》의 구성에서, 왕들의 이야기를 실은 부분은 '세가'라고 했다. 그런데 윗글에 따르면 '세가'는 '왕, 생일, 교, 여' 등과 마찬가지로 황제 아래에 속해 있는 제후들에게 쓰는 낱말이다. 《고려사》에서도 고려의 왕들을 황제의 수준이 아니라 황제의 신하 수준으로 보는 것이다. '종, 폐하, 절일' 등 황제의 낱말을 책에 그대로 쓰는 것은, 옛날에 그런 말을 사용했다는 사실을 말하는 것이지, 정말로 고려 왕이 중국 황제와 같다고 본 것은 아니다.

한편 《고려사》에는 불교에 관한 내용이 매우 적다. 고려 사람들이 가장 널리 믿은 종교가 불교였기 때문에, 불교에 관한 내용을 빼면 고려 사회를 제대로 이해할 수 없다. 그럼에도 불구하고 《고려사》를 쓴 사람들은 불교와 관련된 설명을 책에 싣지 않았다. 앞에서 우리는 《고려사》를 구성하는 목차를 살펴보았다. 거기에는 고려의 사회 제도와 문화를 설명하는 '지'와, 왕 이외의 인물들에 대해 설명하는 '열전'이 있었다. 그런데 사실 《고려사》의 '지' 속에는 〈불교지〉가 없고, '열전' 중에는 〈승려전〉이 없다. 이 책에는 대각국사, 원명국사, 묘청, 신돈 등의 승려가 등장한다. 그러나 대각국사와 원명국사는 왕의 자손이었다. 그리고 묘청과 신돈은 반역자로 그려져 있다. 따라서 왕족이나 반역자가 아닌, 승려로서 《고려사》에 등장하는 사람은 없다. 불교를 낮추고 유학을 높이려고 했던 조선에서 일부러 설명을 줄인 것이다.

역사를 풀어내는 방법을 토론하다

조선 초기에는 유학을 중요하게 여겼던 사람들끼리도 서로 생각이 달랐다. 《고려사》를 쓰는 데 참여한 사람들이 가장 활발하게 토론했던 문제는, 고려 역사를 글로 풀어내는 방법에 관한 것이었다. 당시에 역사를 글로 풀어내는 방법에는 '편년체'와 '기전체' 두 가지가 있었다.

편년체는 《춘추좌씨전》에서부터 나왔고, 기전체는 사마천의 《사기》에서 처음 시작되었습니다. 《한서》가 나온 이후 역사를 쓰는 사람들은 모두 사마천의 《사기》를 근본으로 하여 책을 만들었습니다. 넓은 범위의 내용을 자세하게 쓸 수 있기 때문입니다. 그러나 내용이 쓸데없이 많아서 사실을 밝히기 어려운 단점이 있습니다. …… 기전체와 편년체 가운데 어느 하나만 사용하고 다른 것을 버릴 수는 없습니다.

윗글은 김종서를 비롯한 여러 신하들이 《고려사절요》를 완성하면서 문종에게 올린 글이다. 여기에 편년체와 기전체에 대한 설명이 있다. 이 글을 보면 기전체는 넓은 범위의 내용을 자세하게 쓰는 방법이고, 편년체는 그 반대임을 알 수 있다. 즉 기전체는 한 사건을 둘러싼 여러 가지 상황을 빠짐없이 골고루 쓰는 것이고, 편년체는 시간 순서에 따라 중요한 일들을 간단히 정리해서 찾아보기 쉽게 쓰는 것이다.

《고려국사》에서부터 《수교고려사》까지 고려 역사책은 모두 편년체로 썼다. 그러나 세종 때 신하들이 기전체로 새 역사책을 써서 내용을 풍부하게 해야 한다고 주장했다. 그래서 《고려사전문》과 《고려사》는 기전체로 되어 있다. 《고려사》는 기전체로 쓴 덕분에 여러 가지 자료를 담을 수 있었다. 그래서 오늘날 우리가 고려 사회를 더 깊이 이해하는 데 도움이 되었다.

그런데 윗글에서 문종의 신하들은 "기전체와 편년체 가운데 어느 하나만 사용하고 다른 것을 버릴 수는 없습니다."라고 했다. 기전체였던 《고려사》 말고 편년체로 쓴 새 역사책도 필요하다는 말이다. 그래서 이미 편년체로 쓴 《수교고려사》를 고친 《고려사절요》가 나온 것이다. 책 제목 중에 '절요'라는 말은 '짧게 끊어서 요약한다.'는 뜻을 담고 있다. 기전체는 내용이 풍부하지만 원하는 내용을 빨리 찾기 힘들었다. 그래서 짧지만 내용을 빨리 찾을 수 있는 방식으로 새 책을 만든 것이다.

이처럼 조선 초기 고려 역사책의 글쓴이들은 어떻게 하면 있었던 일을 정확하고 자세하게 기록할 수 있는지, 어떻게 하면 독자들이 역사책을 쉽게 읽을 수 있는지를 함께 고민했다. 그 결과 오늘날 《고려사》와 《고려사절요》라는 귀중한 책을 볼 수 있게 되었다.

우리가 《고려사》에서 얻는 것

　고려는 오래 전에 세워진 나라여서 남아 있는 자료가 많지 않다. 그래서 지금까지 전해지고 있는 《고려사》는 고려 사회의 모습을 알려 주는 무척 귀한 자료이다. 우리는 《고려사》를 통해, 고려 사람들의 삶을 엿볼 수 있고, 고려 사회에 널리 퍼진 문화에 대해서도 알 수 있다. 어떤 한 사람이 살아 온 이야기를 많이 들으면 현재의 그 사람이 어떤 인물인지 잘 알 수 있듯, 우리나라가 거쳐 온 이야기를 많이 들으면 오늘날의 우리나라가 어떤 곳인지도 잘 이해할 수 있다.

　그리고 《고려사》에는 고려를 바라보는 조선 초기 사람들의 시각이 담겨 있다. 역사적 사건은 이미 일어난 일이기 때문에 절대로 변하지 않는다. 하지만 실제로는 그렇지 않다. 역사를 쓰는 사람이 자신의 입장에서 평가하고, 자신의 입장에서 글을 쓰기에 달라지기도 한다. 만약 조선 초기 사람들이 아니라 고려 말기 사람들이 《고려사》를 썼다면, 고려 말기 사회에 문제점이 많다고 쓰지 않았을 것이다. 이처럼 《고려사》는 역사책 속에도 글쓴이의 입장이 들어 있음을 보여 준다. 이를 아는 것은 매우 중요하다. 오늘날에 일어난 일들을 다루는 신문이나 역사책도 언제나 글쓴이의 입장을 담고 있기 때문이다. 우리는 글 속에 숨어 있는 글쓴이의 입장을 생각하면서 역사에 대한 말과 글을 비판적으로 볼 수 있어야 한다.

한국고전문학 읽기 ㊸
고려사

1판 1쇄 발행 | 2015. 12. 4.
1판 4쇄 발행 | 2021. 4. 1.

안명옥 글 | 정소연 그림

발행처 김영사 | **발행인** 고세규
등록번호 제 406-2003-036호 | **등록일자** 1979. 5. 17.
주소 경기도 파주시 문발로 197(우10881)
전화 마케팅부 031-955-3100 | **편집부** 031-955-3113~20 | **팩스** 031-955-3111

ⓒ 2015 정소연
이 책의 저작권은 저자에게 있습니다. 저자와 출판사의 허락 없이 내용의 일부를 인용하거나 발췌하는 것을 금합니다.

값은 표지에 있습니다.
ISBN 978-89-349-7276-1 74810
ISBN 978-89-349-5672-3(세트)

좋은 독자가 좋은 책을 만듭니다. 김영사는 독자 여러분의 의견에 항상 귀 기울이고 있습니다.
전자우편 book@gimmyoung.com | 홈페이지 www.gimmyoungjr.com

어린이제품 안전특별법에 의한 표시사항

제품명 도서 제조년월일 2021년 4월 1일 제조사명 김영사 주소 10881 경기도 파주시 문발로 197
전화번호 031-955-3100 제조국명 대한민국 ⚠주의 책 모서리에 찍히거나 책장에 베이지 않게 조심하세요.